人類學上所見之西南中國（上）

主編｜張明杰、袁向東　中譯｜胡稹、賴菲菲
導讀｜陳偉智

鳥居龍藏　日記體裁田野紀行

謹以此書獻於井上先生

——著者

貴州省坡貢「白苗」婦女織麻布之處所（作者拍攝）

主編序

張明杰

中日交往，源遠流長。千百年間，日本曾視中華為「聖人之國」、「禮儀之邦」。然步入近代，中國卻一變而為日本侵略擴張的標的。在以西學為範本的近代學術的諸多領域，也是日本人著了先鞭。早在清末民初時期，日本的一些組織或個人就深入到中國內陸及邊疆地區，從事形形色色的調查及其它活動，並留下了為數眾多的調查報告、見聞遊記等文獻資料。

僅調查活動而言，既有出於政治與軍事目的的偵探，包括兵要地志、政情民俗、商貿經濟、民族文化、社會風貌等，也有以所謂學術考察為名的各種調查，如考古發掘、民族宗教、地質地理、建築美術等。就筆者所見所知，這類調查文獻大大小小數以千計，僅東北和內蒙古（日本所謂「滿蒙」）地區，就多達兩、三百種。若加上那些秘不示人或已焚毀的機密報告等，近代日本人涉及中國邊疆地區的調查等文獻資料，其數量之多，可想而知。

這些邊疆調查及其文獻資料，對於我們解讀近代中日關係，考察日本人的涉華活動及對華認識，至關重要。同時對彌補和豐富中國的邊疆史料，再現邊疆地區的社會風貌及歷史斷面，也有一定的參考價值。

一、軍事偵探

在這類文獻資料中，最早的應屬軍事偵探類。明治政府成立之初，即現覬覦中國之心。早在一八七二年八月，政府就派遣池上四郎少佐、武市熊吉大尉及外務官員彭城中平三人，秘密潛入中國東北地區，從事偵探活動。為掩蓋軍人身分，兩名軍官暫被委任為外務省官員。他們改名換姓，喬裝成商人，從營口到瀋陽等地，對遼東半島及周邊地區的地理兵備、政情風俗等進行偵探調查，翌年回國後，提交了由彭城中平起草的《滿洲視察覆命書》。[1]此乃近代日本人最早的對華軍事調查報告。報告中，尤其提到對遼河結冰與解凍情況的調查，具有鮮明的軍事偵探色彩。

一八七三年後，政府有組織地派遣陸海軍官，分批潛入大陸，從事偵探諜報活動。

1 《滿洲視察覆命書》原件下落不明，現在看到的是作為附錄收錄於《西南記傳》上卷一（黑龍會編，東京：原書房，一九六九年複製版）裡的同名文本。

如一八七三年末派遣以美代清元中尉為主的八名軍官，一八七四年派遣以大原里賢大尉為首的七名軍官等，即早期所謂「清國派遣將校」之實例。這些人名義上打著留學的旗號，其實所接受的指令是「收集情報」，尤其是對與朝鮮、俄國接壤的東北地區和內陸、沿海各省，以及臺灣等地進行調查。一八七五年，日本駐華公使館開始常駐武官，福原和勝大佐上任後，負責監督和指揮在華軍官的行動。一八七八年，隨著參謀本部的設立，以軍事偵探為目的的入華軍官派遣體制得以最終確立，派遣及偵探活動也更為組織化、規模化和具體化。分期分批派遣的軍官以營口、北京、天津、煙臺、上海、漢口、福州、廣州、香港等為根據地，對中國諸多省區進行廣泛而又縝密的調查，範圍不僅僅限於東北、華北、華中及南方沿海諸省，而且擴展到陝甘內陸、新疆及雲貴等邊疆地區。如常駐北京的長瀨兼正少尉曾潛入甘肅區域，大原里賢大尉曾深入到川陝地區，小田新太郎大尉曾入川鄂雲貴地區，從事密探。一八八六年奉命來華的荒尾精中尉，以岸田吟香經營的樂善堂為據點，糾集一些所謂「大陸浪人」，對內陸省份及新疆地區進行偵探調查。其諜報活動後由退役軍官根津一繼承，日後設立日清貿易研究所，後又發展為東亞同文書院，成為培養和造就涉華情報人員之搖籃。在調查和收集大陸情報方面，荒尾精及根津一所構築的諜報網發揮了極為重要的作用。

這些派遣軍官定期向政府及有關組織發送情報，不少人還留下了詳細的偵探日誌、調查覆命書及手繪地圖等。如島弘毅的《滿洲紀行》、梶山鼎介的《鴨綠江紀行》等，即其中的調查報告。後來，參謀本部編纂《中國地志》（一八八七）、《滿洲地志》（一八八九）和《蒙古地志》（一八九四）等文獻時，曾參考了這些實地調查記錄，部分軍官還直接參與了編纂和校正。這些地志並非普通意義上的地志，而是帶有強烈軍事色彩的兵要志書。而且完成於中日甲午戰爭之前，這一點尤其值得注意。遺憾的是，除部分已公刊的之外，不少文獻已遭人為銷毀，[2]致使今日無從獲知其下落。只是當時的一些手繪地圖等，二戰後為美軍所扣押並運往美國，現藏於美國議會圖書館。[3]另外，甲午戰爭後，由參謀本部牽頭實施的在華地圖測繪及偵探活動，更是觸目驚心。《外邦測量沿革史草稿》（三卷，參謀本部・北中國方面軍司令部編、一九七九年複製版）、《陸地測量部沿革志》（陸地測量部編，一九二二）、《參謀本部歷史草案》（七卷加別冊，廣瀨順皓主編，二〇〇一）以及《對支回顧錄》（上下卷，對支功勞者傳記編纂

2 一九四五年八月十四日，日本政府在決定接受波茨坦宣言的同時，下令銷毀所有重要機密文件或資料。當時，僅大本營陸軍部、參謀本部、陸軍省等陸軍中樞機關所在地的東京市谷臺上一帶，自八月十四日下午直至十六日晚，因焚燒機密文件或資料，一直是大火沖天，濃煙滾滾。參見原剛《陸海軍文書的焚毀與殘存》（《日本歷史》第五九八號，一九九八年三月，五十六－五十八頁）。

3 近年，大阪大學小林茂先生為主的學者及研究人員對藏於美國議會圖書館的這批所謂「外邦測量圖」做了調查和研究。可參見小林茂著《外邦圖——帝國日本的亞洲地圖》（東京：中央公論新社，二〇一一年）和小林茂、渡邊理繪、山近久美子著《初期外邦測量的展開與日清戰爭》（《史林》第九十三卷第四號，二〇一〇年七月）等。

會編，一九三六）、《東亞先覺志士記傳》（上中下三卷，葛生能久主編，一九三三－三六）等文獻，可資參考，在此不贅。

一八七九年，東京地學協會成立。它比中國地學會的誕生（一九〇九）足足早了三十年。該協會以英國皇家地理學會為藍本，名義上以「普及地理學思想」為宗旨，實際上則是倡導和實施海外（尤其是中國和朝鮮）「探險」及調查，為對外擴張的國家戰略服務。發起人及中心成員有渡邊洪基、長岡護美、榎本武揚、花房義質、鍋島直大、北白川能久、細川護立、桂太郎、北澤正誠、山田顯義、曾根俊虎等，多為皇親貴族、政治家、外交官和軍人。該協會除直接派人赴華調查，收集情報資料之外，還定期舉辦演講會，發行協會報告，一八九三年與東京大學地學會合併後，以該會的《地學雜誌》作為其會刊逐月發行。

翻檢早期的演講報告，則知多為以中國為主的東亞及南洋諸國或地區的探查。其中涉及中國邊疆的，除上述島弘毅《滿洲紀行摘錄》（一八七九年四月）、梶山鼎介《鴨綠江紀行》（一八八三年四月）之外，還有古川宣譽《遼東日誌摘要》（一八七九年五月）、福島安正《多倫諾爾紀行》（一八八一年二月）、《亞細亞大陸單騎遠征記》（一八九三年七月）、山本清堅《從哈克圖到張家口・上海》（一八八二年十二月）、菊池節藏《滿洲紀行》（一八八六年四月）、長岡護美《清韓巡迴見聞談》（一八九五年六月）、鈴木敏等《金州附近關東半島地質土壤調查報告》（一八九五年五月）、神保小虎《遼東半島巡迴探查簡況》（一八九五年十月）、《遼東半島佔領地之地理地質巡檢報告》（一八九六年十月、一八九七年二月）等。這些調查報告實施者大多為陸海軍軍官及政治家。可見，該協會自成立之初，就呈露出與國家對外擴張政策相呼應的特徵。

在華邊疆地區從事偵探調查的，除軍人外，還有一些外交官、記者及大陸浪人等。這方面的文獻主要還有：西德二郎《中亞紀事》（一八八六）、永山武四郎《周遊日記》（一八八七）、小越平陸《白山黑水錄》（一九〇一）、植村雄太郎《滿洲旅行日記》（一九〇三）、中西正樹《大陸旅行回顧》（一九一八）、日野強《伊犁紀行》（一九〇九）、波多野養作《新疆視察覆命書》（一九〇七）、林出賢次郎《清國新疆旅行談》（一九〇八）、竹中清《蒙古横斷錄》（一九〇九）、深谷松濤、古川狄鳳《滿蒙探險記》（一九一八）、星武雄《東蒙遊記》（一九二〇）、吉田平太郎《蒙古踏破記》（一九二七）、副島次郎《跨越亞洲》（一九三五）、米內山庸夫《雲南四川踏查記》（一九四〇）、《蒙古風土記》（一九三八）、成田安輝《進藏日誌》（一九七〇年公開）、矢島保治郎《入藏日誌》（一九八三年公開）、野元甚藏《入藏記》（一九四一）、木村肥佐生《西藏潛行十年》（一九五八）、西川一三《秘境西域的八年潛行》（一九六七）等。

其中，軍人出身、後轉為外交官的西德二郎（一八四八－一九一二），一八八〇年七月從列寧格勒出發，經塔什干、撒馬爾罕等地，進入新疆伊犁，後經蒙古、中國北部邊疆及上海，於一八八一年四月返回東京，歷時九個月，踏查了對當時日本人來說尚屬秘境的俄屬中亞和中國新疆地區。《中亞紀事》（上下卷、陸軍文庫、一八八六）即此次探險調查所得。書中記述了作者所經之地的山川地理、氣候、民族、人口、沿革、物產、貿易、風俗及動植物等，尤其是對中俄邊境地區的實況等多從軍事角度做了觀察和記述。本書是近代日本人最早涉及新疆踏查的文獻之一，在近代邊疆、尤其是西域探險研究領域具有重要意義。

二、所謂「學術調查」

十九世紀九〇年代中期以前，儘管也有部分日本人赴華從事某些領域的考察，但真正的「學術調查」，主要還是在甲午戰爭之後。這裡需要說明的是，近代日本人的涉華學術考察，幾乎都與日本侵略擴張的國策並行不悖，只是有的明顯，有的隱秘而已。有些完全是打著學術旗號的國策調查，有些則是間接服務於國家戰略的越境活動，甚至那些標榜純宗教目的的探險或學術考察，也都與國家的擴張政策有這樣或那樣的關聯。因此，為避免誤解，這裡的「學術調查」是應該加引號的。

甲午戰爭後，出於侵略擴張與殖民統治的需要，日本加緊了對臺灣及大陸地區的調查與研究，一些機關、學校、宗教團體、學術機構或個人也紛紛行動起來，開展實地考察等活動。當時的東京帝國大學、京都帝國大學、前述的東京地學協會、一八八四年成立的人類學會（後更名為「東京人類學會」）、一八九六成立的考古協會（後改稱「日本考古協會」）以及東西兩本願寺等組織和團體即其中之代表。

一八九五年，受東京人類學會派遣，年僅二十五歲的鳥居龍藏（一八七〇－一九五三）前往遼東半島作考古調查，事後，於東京地學協會作了《遼東半島之高麗遺跡與唐代古物》（一八九六年五月）的演講報告。可以說，這是日本人類學或考古學者赴華調查之嚆矢。翌年後，鳥居又先後四次被派往臺灣，從文化人類學角度，對臺灣島及當地原住民作實地考察。一九〇二年七月，為開展與臺灣的比較研究，鳥居又深入到四川、雲南、貴州等地，對苗族等少數民族聚集地，進行了為期九個月的考察。事後，撰寫了《清國四川省滿子洞》（一九〇三）和《苗族調查報告》（一九〇五）等，[4]後者堪稱近代第一本有關中國苗族地區的田野調查著作，至今仍為學界所重。他此次調查活動本身，對當時及後來的大陸民族研究學者也有很大觸動，某種程度上促進了中國學者對西

[4] 鳥居龍藏著《苗族調查報告》，後稍經修改，由富山房於一九二六年出版，書名為《人類學上所見之西南中國》。

南邊疆民族的實地調查與研究。[5]

一九〇二年三月，身為東京帝大工科副教授的伊東忠太（一八六七－一九五四），為探究日本建築藝術的發源及其與外國的關聯，對中國及印度等地的建築進行長達兩年多的實地考察。他先到北京，然後經山西、河北、河南，西至陝西、四川，再穿越湖北、湖南，入貴州，最後從雲南出境。歷時一年，縱貫中國大陸南北，考察後撰寫了多種學術報告、旅行見聞等。其中《川陝雲貴之旅》、《西遊六萬里》等著述，有不少是涉及中國邊疆的重要記錄。

一九〇二年十一月至一九〇四年一月，工學博士、京都帝國大學教授山田邦彥（一八七一－一九二五）等奉外務省之命，赴長江上游地區，對四川、雲南、貴州及川藏邊境的地質礦產進行調查。回國後，於《地學雜誌》發表《清國四川・雲南・貴州三省旅行談》（一九〇四）。但其日記等尚未整理發表，山田即不幸病逝。後由東京地學協會徵得其家屬同意，將日記及當時拍攝回來的照片，稍作修正，以遺稿形式，出版了《長

5 受鳥居龍藏苗族調查之刺激或影響，國立中山大學語言歷史研究所於一九二八年夏派專員楊志成前往川滇交界開展民族調查，成為漢族學者深入苗、彝等少數民族調查之嚆矢。其調查成果刊載於該所週刊《雲南民族調查報告》專號（一二九－一三二期）。一九三三年夏，中央研究院特派凌純聲、芮逸夫、勇士衡等研究人員赴湘黔交界處之苗疆，對苗族狀況進行實地考察。其成果見於凌純聲、芮逸夫合著《湘西苗族調查報告》（國立中央研究院史語所甲種第十八，一九四七年）等。

江上游地區調查日誌》（附照片集，一九三六）。日誌中，不僅有所到之地的氣候、地形地勢、水文礦產等的詳細記錄，而且還有大量的測繪地形圖等，再加上一百七十四幅原始圖片，可謂瞭解上述地區地理地貌、礦產資源及風土民情的難得資料。

在言及近代日本涉華邊疆調查時，不能不提到「大谷探險隊」及其它「僧侶」的特異活動。在近代西方殖民主義風潮刺激下，為調查和探明佛教流傳的路徑，同時也是為了呼應日本對外擴張的國策，淨土真宗西本願寺第二十二代當主大谷光瑞（一八七六－一九四八）於一九〇二年至一九一四年間，曾先後三次派遣年輕僧侶，對新疆等地進行探險考察。世間將他們俗稱為「大谷探險隊」。其考察活動除所獲文物外，考察親歷者還留下了大量的紀行、日記等文獻資料。大谷家藏版《新西域記》（上下卷，一九三七）和《西域考古圖譜》（兩冊，一九一五）等，即其中之代表。這類文獻資料具體有：大谷光瑞《帕米爾行記》、橘瑞超《中亞探險》、《新疆探險記》、渡邊哲信《西域旅行日記》、《中亞探險談》、堀賢雄《西域旅行日記》、野村榮三郎《蒙古新疆旅行日記》、吉川小一郎《天山紀行》、《中國紀行》、前田德水《雲南紀行》、《從緬甸到雲南》、本多惠隆《入新疆日記》等。

另外，近代日本開始染指西藏，多次派僧侶等潛入西藏從事調查或偵探活動。如河口慧海（一八六六－一九四五），一八九七年六月從日本出發，經香港、新加坡，抵印度加爾各答。在印度及尼泊爾等地停留準備近三年時間後，於一九〇〇年七月，進入西藏領地，翌年三月成功抵達拉薩，成為第一個進入西藏首府的日本人。他隱瞞國籍和身分，於當地滯留一年多時間，後因身分敗露，於一九〇二年五月底倉皇逃離。兩年後，他又離開日本，於印度、尼泊爾等地滯留近十年後，再度進入西藏地區，並得到達賴喇嘛賜予的百餘函《大藏經》寫本。兩次入藏，河口慧海都留下了詳細的旅行記。第一次入藏記錄《西藏探險記》，是以其口述形式連載於日本報刊的，長達一百五十餘期。後由博文館編輯出版了兩卷本《西藏旅行記》（一九〇四）。該書曾多次再版，使河口慧海的名字連同「神秘西藏」（日本所謂「秘密之國」）一起蜚聲日本。尤其是一九〇九年該書英文版（*Three Years in Tibet*）的問世，更令其大名及西藏之旅享譽世界。第二次入藏記錄《西藏潛入記》和《入藏記》，同樣以報刊連載的形式於一九一五年推出，後輯錄為《第二次西藏旅行記》出版（一九六六）。繼河口慧海成功潛入拉薩之後，接受外務省密令，多年暗地活動的成田安輝（一八六四－一九一五）也在一九〇一年十二月抵達拉薩。因其入藏屬赤裸裸的諜報活動，故記錄其入藏經過的日記，直至他離世五十餘年後才得以公諸於世。[6]

[6] 成田安輝入藏日記，名曰〈進藏日誌〉，刊載於山嶽會會刊《山嶽》第六十五和六十六號（一九七〇－一九七一年）。另外，小川琢治曾於東京地學協會會刊《地學雜誌》發表〈成田安輝氏拉薩府旅行〉（《地學雜誌》第一八

除河口慧海、成田安輝之外，寺本婉雅（一八七二—一九四〇）、能海寬（一八六八—一九〇一）等也是早期涉足西藏的日本人。寺本婉雅先後三次進入西藏，而且還曾奉軍方之命，於北京從事政治活動，並成功地將兩套貴重的《大藏經》運往日本。他第一次入藏是一八九九年，於打箭爐邂逅同為東本願寺派遣的僧侶能海寬，兩人欲由此進入西藏腹地，但因當地官民阻攔，遊歷理塘和巴塘後返回。不過，能海寬仍不死心，接著又企圖由甘肅、青海遠道入藏，但亦未果，再後來決意由雲南入藏，不料卻在中途成了不歸之客。其入藏記錄有《進藏通信》（一九〇〇）、《能海寬遺稿》（一九一七）等。

寺本婉雅第二次入藏是受政府派遣，於一九〇二年十月從北京出發，經張家口、多倫諾爾、包頭、西寧等地，翌年二月抵著名藏傳佛教寺院——塔爾寺，在當地居留兩年後，獨自進入西藏境地，並於一九〇五年五月抵達其嚮往已久的拉薩，後自印度歸國。返回日本不久的一九〇六年四月，他再度接受政府指令，第三次踏上入藏征途。不過，他這次主要是在青海活動。記述以上三次進入西藏或青海活動的是其《蒙藏旅日記》（橫地祥原編，一九七四；本系列中譯書名作《藏蒙旅行記》）。書後還附錄〈五臺山

三卷，一九三—一九四頁），並配有成田安輝本人當時拍攝的許多沿途風光等照片（《地學雜誌》第一八三—一八六卷，第一九一—一九二卷）。

之行〉、〈西藏大藏經總目錄序〉、〈達賴喇嘛呈贈文原稿〉、〈西藏秘地事情〉、〈回憶亞細亞高原巡禮〉等。除西藏、青海部分之外，尚有不少涉及當時北京及沿途各地政治、外交等領域的史料，是研究日本涉藏史乃至中日近代史的重要文獻。

這方面的文獻資料還有：青木文教《西藏遊記》（一九二〇）、《西藏文化新研究》（一九四〇）、多田等觀《西藏》（一九四二）、《西藏滯在記》（一九八四）等。

日俄戰爭結束後，伴隨著日本殖民政策向中國東北及內蒙等地的重點轉移，各種形式的大陸「學術調查」更是有恃無恐地開展起來。滿鐵調查部（一九〇七年設立、下同）、東洋協會學術調查部（一九〇七）、東亞經濟調查局（一九〇八）、滿鮮歷史地理調查部（一九〇八）、東亞同文書院（一九〇〇）等國策機構，以及其它一些調研組織等也應運而生。加上原有的那些學校、機關或團體，一時間，對大陸，尤其是對東北及內蒙等邊疆地區的實地考察或研究成為時尚。

前述的鳥居龍藏的所謂「滿蒙探察」即其中之代表。截至中日戰爭爆發，他曾先後十餘次到上述地區從事調查。具體地講，東北九次，內蒙古四次。除一九〇六年前後隨夫人赴內蒙喀喇沁王府任職時的調查之外，幾乎每次都是受組織派遣而為，有些調查是在軍方協助下實現的。鳥居當時率先採用從西方導入的所謂近代科學方法，精心測量，詳細記錄，每次調查均有一定收穫或新發現。如：一九〇五年於普蘭店發掘到石器時代遺跡，於遼陽發現漢代磚墓。一九〇九年調查東北地區漢代墳墓之分佈。一九二八年，於吉林敦化發現遼代畫像石墓。多次於內蒙古地區考察遼上京、中京遺址及遼代陵墓，發現一些包括石像在內的遺物等。對遼代文化遺跡、遺物等的發掘和發現，是他這些調查中的最大收穫。後來結集出版的《遼之文化圖譜》四大冊，[7]雖然只是調查成果的一部分，但足見其研究價值。關於鳥居於大陸的調查足跡，可從以下旅行紀錄中得到探明。《蒙古旅行》（一九一一）、《人類學上所見之西南中國》（一九二六）、《滿蒙探查》（一九二八）、《滿蒙再訪》（與夫人合著、一九三二）、《從西伯利亞到滿蒙》（與妻女合著，一九二九）等。

不可否認，鳥居的這些實地調查及成果，在中國遲於日本而導入的某些西方近代學科或領域，有的是先行了一步。今天我們在梳理或講述這些學科史時，也不得不提到他的先行調查和研究。另外，鳥居從調查臺灣時起，就攜帶著當時尚極為難得的照相機，拍攝並留下了眾多珍貴圖片。這些圖像資料在時隔近百年的今天看來，尤為寶貴。[8]鳥居去世後，後人編輯出版的《鳥居龍藏全集》（十二卷加別卷，朝日出版社，一九七

[7] 鳥居龍藏著《遼之文化圖譜》，又做《考古學上所見遼之文化圖譜》（一至四冊，東京：東方文化學院東京研究所，一九三六年）。

[8] 就筆者井蛙之見，鳥居龍藏拍攝的大量有關中國的圖片，除臺灣曾出版過一本影像集之外，大陸罕有複製或利用。

五－一九七七），至今仍為學界推崇。在諸多著名學者著作或全集日趨低廉的當今日本古舊書市場，唯獨鳥居的著述和全集售價堅挺，甚至有日益高漲之感。這也從一個側面體現出其著述的學術價值。另外，鳥居龍藏的夫人——鳥居君子（一八八一－一九五九）曾接替河源操子（著《蒙古土產》；本系列中譯書名作《內蒙風物——喀喇沁王府的日本女教習》），於一九〇六年三月赴內蒙古喀喇沁王府毓正女學堂任教。她利用此機會和後來的旅行，對蒙古族歷史文化、社會風習、宗教信仰等，詳加考察，後撰寫《民俗學上所見之蒙古》（一九二七）一書。內容包括蒙古族的語言、地理人情、風俗習慣、遺跡文物、牧畜、宗教、美術、俚語、童謠等，是瞭解當時蒙古地區社會生活及文化狀況的難得文獻。書中還附有當時拍攝的照片或素描插圖兩百餘幅。

東京地學協會自一九一〇年起，又獨自開展了大規模的對華地理調查，耗費鉅資，歷時六年。先後派遣石井八萬次郎、野田勢次郎、飯塚升、小林儀一郎、山根新次、福地信世等地理學者，對中國長江流域及南方諸省區進行廣泛調查。調查的邊疆省份，包括兩廣地區。事後，編纂出版了三卷本《中國地學調查報告書》（一九一七－一九二〇）和《化石圖譜》（一九二〇）。[9]該報告書中既有調查者的「地學巡見記」，又有

---

9 《中國地學調查報告書》（三卷）和《化石圖譜》，出版於一九一七年至一九二〇年，但其調查時間則為一九一一年至一九一六年。地學調查及撰稿者為石井八萬次郎、杉本五十鈴、野田勢次郎、飯塚升、小林儀一郎、山根新

調查區域的地質、地理、水文、古生物等記錄，內容十分翔實，而且配有很多手繪地圖和實地圖片。

至於前面提到的滿鐵調查部、東洋協會學術調查部、東亞同文書院等國策機構涉及中國邊疆的調查及其資料，更是多不勝數，限於篇幅，在此不予詳述。僅舉滿鐵調查部組織實施的眾多調查中之一項為例。一九二二年五、六月間，受滿鐵調查部之委託，考古學者八木奘三郎（一八六六－一九四二）對瀋陽以南大連鐵道沿線地區進行實地探察，後參考其他文獻，編寫出版了《滿洲舊跡志》（一九二四）。該書對東北地區各時代之遺物、遺跡，尤其是寺廟道觀及其建築等，均做了具體記述和考察，與村田治郎後來編寫的《滿洲之史跡》（一九四四）一起，成為瞭解東北文物史跡的代表作，同時，也為我們研究日本殖民統治時代的實地考古調查提供了一份實證材料。

進入一九二〇年代後期，又有東亞考古學會（一九二七）、東方文化學院（一九二九）、上海自然科學研究所（一九三一）等涉華學術機構或團體誕生，日本對中國邊疆，特別是所謂滿蒙地區的「學術調查」及研究，也進入一個新的階段。其中，考古調查尤為突出。在此領域扮演主要角色的即以東（東京）西（京都）兩所帝國大學考古學

次、福地信世。化石調查及撰稿者為矢部長克和早阪一郎。

者為首的東亞考古學會。該學會憑藉日本軍政界的後援和充足的資金，又打著與中國考古學界合作的旗號，無視中國主權，對東北及內蒙古等地的古代遺跡，先後多次進行大規模的發掘調查。如：一九二七年濱田耕作、原田淑人等對旅大貔子窩遺址的發掘，一九二八年牧羊城遺址的發掘，一九二九年老鐵山麓南山裡漢代磚墓的發掘，一九三三年旅順鳩灣羊頭窪遺跡的發掘，一九三三和一九三四年兩度對渤海國上京龍泉府（東京城）遺址的發掘，一九三五年赤峰紅山後遺跡的發掘等。發掘後的調查報告由該學會以「東亞考古學叢刊」的形式出版，其中甲種六巨冊、乙種八冊。前者依次為：《貔子窩》（書名副題省略，以下同，一九二九）、《牧羊城》（一九三一）、《南山裡》（一九三三）、《營城子》（一九三四）、《東京城》（一九三九）、《赤峰紅山後》（一九三八）；後者涉及邊疆者有：《內蒙古・長城地帶》（乙種一，一九三五）、《上都》（乙種二，一九四一）、《羊頭窪》（乙種三、一九四三）、《蒙古高原〈前篇〉》（乙種四、一九四三）、《萬安北沙城》（乙種五、一九四六）。另外，該學會還編輯出版了《蒙古高原橫斷記》（一九三七）等調查日誌和研究論集《考古學論叢》（一九二八－一九三〇）等。上述大量調查報告在日本被譽為「奠定了東亞考古學基礎」的重要文獻。

東方文化學院更是由日本官方主導的對華調查研究機構，屬所謂「對華文化事業」

之一部分，分別於東京和京都設有研究所。其評議員、研究員等主要成員，幾乎囊括了當時全日本中國學研究領域的權威或骨幹。如：池內宏、市村瓚次郎、伊東忠太、關野貞、白鳥庫吉、宇野哲人、小柳司氣太、常盤大定、鳥居龍藏、瀧精一、服部宇之吉、原田淑人、羽田亨、濱田耕作、小川琢治、梅原末治、矢野仁一、狩野直喜、內藤湖南、桑原騭藏、塚本善隆、江上波夫、竹島卓一、水野清一、長廣敏雄、日比野丈夫等等。若列舉受該組織派遣或委託赴華從事調查研究的人員，僅其名單就需要數頁才能完成。他們的在華調查及成果為數眾多，內容也涉及到方方面面，其中與邊疆有關的調查文獻資料主要有：伊東忠太《中國建築裝飾》（五卷，一九四一－一九四四）、常盤大定・關野貞《中國文化史跡》（十二卷，一九三九－一九四一）、[10]關野貞《中國的建築與藝術》（一九三八）、關野貞・竹島卓一《遼金時代之建築及其佛像》（上下卷，一九三四－一九三五）、原田淑人《滿蒙文化》（一九三五）、竹島卓一、島田正郎《中國文化史跡增補〈東北篇〉》（一九七六）、佐伯好郎《景教之研究》（一九三五）、《中國基督教研究》（三卷，一九四三－一九四四）、駒井和愛《滿蒙旅行談》（一九三七）、池內宏、梅原末治《通溝》（上下卷，一九三八－一九四〇）等。

10　常盤大定・關野貞合著《中國文化史跡》（十二卷）、關野貞著《中國的建築與藝術》等，已列入筆者另行策劃並主編的《近代以來海外涉華藝文圖志》譯叢系列，已由中國畫報出版社刊出。

中日戰爭爆發後，為實現徹底征服中國，進而侵佔整個亞洲及太平洋地區的野心，日本以舉國之人力、物力和財力，投入到侵華戰爭中去。此時，學界及研究界更是身先士卒，主動配合國策，積極參與對華各種調查與研究。先後設立的東亞研究所、太平洋協會、回教圈研究所（以上為一九三八年設立）、民族研究所（一九四三）、西北研究所（一九四四）等國策學術機構，均為涉及中國邊疆調查的核心團體。如：東亞研究所就曾開展過許多涉華邊疆調查與研究，其成果大多成為日本制訂國策時的基礎資料。筆者手頭有一本蓋著「秘」字朱印的《東亞研究所資料摘要》，編刊於一九四二年，是該研究所登錄資料之目錄或簡介。包括「甲、調查委員會報告書」、「乙、本所員調查報告書」、「丙、中間報告、翻譯乃至部分性成果資料等」、「丁、委託調查報告書」、「外乙、本所講演速記」等，區域涵蓋中國內陸及邊疆省區，另有「南洋、近東、蘇聯、外蒙」等。內容涉及政治、經濟、社會、文化、資源、外國對華投資、黃土調查、滿蒙關係、海南島關係等。其中有很多關於滿蒙及西北回教地區的調查資料。又如：民族研究所從一九四三年成立，至一九四五年戰敗，短短兩三年時間，不僅從事過大量服務於國策的文獻研究，而且還奉政府及軍方之命，對從東北到西南的中國邊疆省區進行了多項調查，其中一九四四年曾組派兩個調查團，奔赴內蒙和新疆等地進行民族宗教文化探查。

以上只是對日本近代涉華「學術調查」，做一簡單而又部分性的回顧和介紹。這類調查涉及面廣，文獻資料浩瀚龐雜，限於篇幅，這裡不可能全面涉及。但從中也可以看出，以甲午和日俄兩大戰爭為契機，為響應或配合對外擴張的國家戰略，日本人的對華「學術調查」逐步開展起來，並日益活躍。二十世紀二〇年代後期，隨日本政府所謂「對華文化事業」的實施和刺激，東亞考古學會、東方文化學院等國策學術機構先後成立並迅速行動起來，尤其是當偽滿洲國建立後，在所謂「滿蒙地區」開展了一系列大規模的發掘調查。侵華戰爭開始後，日本學者更是主動配合國策，奔赴大陸及邊疆從事調查研究等活動，以實際行動實踐所謂「學術報國」。因此，可以說，近代日本人的對華「學術調查」或研究從初始階段即有扭曲的一面，儘管在方法上有其科學的成分，在成果方面也有值得肯定或可取的地方，但是總體上卻難以否定其充當殖民主義生產工具之本質。

二戰後，日本的中國研究學界對其戰前的所作所為，雖有部分反思或批判的聲音，但整體上並沒有做深刻反省和徹底清算，甚至至今仍有全盤肯定或肆意謳歌者。對在這樣一種歷史背景下發展起來的日本戰後中國學研究，我想，在不少方面需要有批判性眼光和謹慎判別、正確對待之態度。對戰前的「學術調查」及其文獻資料這一正負兼有的遺產，更應有這種眼光和態度。

＊本文初稿撰於二〇一一年春，原題〈近代日本人涉華邊疆調查及其文獻〉，現稍作修改。

導讀

陳偉智
中央研究院臺灣史研究所助研究員

《人類學上所見之西南中國》是鳥居龍藏一九〇二至一九〇三年的中國西南調查紀行，以日記體撰寫，本書一方面是人類學田野研究的紀行文本，同時也是一種探險旅行文學的文本。

作為人類學田野調查的文本

此次田野調查，是鳥居龍藏受東京帝國大學人類學教室派遣，前往當時清帝國統治下的湖南、貴州、雲南、四川一帶，調查當地的少數民族，特別是在傳統中國文獻中被稱為「三苗」、「蠻」、「夷」等的苗、玀猓（本譯本皆改為中國在一九〇五年代實施民族識別之後的「彝族」），以及藏族等。調查結束返回日本後，鳥居就此次的調查發表了數篇西南中國少數民族的族群分布、族群關係、歷史沿革、體質人類學、民俗、比較語言學的論文，也在一九〇七年出版了民族誌專書《苗族調查報告》（東京帝國大學人類學教室研究報告第二編）。此行的調查田野紀行《人類學上所見之西南中國》則於一九二六年出版。不論是對當時的日本人類學界或是西方而言，鳥居的西南中國調查，都可以說是近代科學的民族學在西南中國田野調查的先行者之一。

在調查西南中國之前，鳥居曾於一八九六至一九〇〇年之間，進行四次臺灣調查，其臺灣調查的成果，除了發表在東京的人類學、地理學、博物學等學術刊物上，也出版了民族誌專書。當時東京帝國大學人類學教室的研究報告第一編，即是鳥居在臺灣的蘭嶼調查民族誌。鳥居在臺灣的調查經歷與觸發的問題意識，多少也促使他展開隨後的西南中國之行。當時的日本人類學者如鳥居龍藏、伊能嘉矩、田代安定等人對於臺灣原住民的調查研究，有一個重要的問題意識是探討臺灣原住民與臺灣以外周邊族群的關係。同時，鳥居試圖回答當時流傳在西方民族學對臺灣原住民與中國西南的苗族的關係，或者廣義的來說，關於大陸東南亞的原住民族群與臺灣原住民之間人種類緣關係的問題意識。

鳥居在臺灣調查的經驗與調查模式，同樣也應用在他的西南中國田野調查。就其調查模式而言，鳥居在官方與地方頭人的協助下，透過具有一定的問題意識來觀察與記錄旅行中所見族群的文化特質資料與語料。鳥居在臺灣調查時透過殖民地官員的協助旅行，也是透過同行的通譯與地方官署的協助，而找到適當的地方報導人來進行研究。在西南中國的調查過程中，鳥居記錄了沿途與各地方官署的互動情形、各地衙門官署的接待與協助、在官署抄錄的當地文獻資料，以及地方官署與沿途驛站往往一地又一地的交接派出士兵護衛他。鳥居在臺灣調查時，曾自豪地認為自己是日本使用攝影於田野調查的第一人；而西南中國的調查，亦詳細地記錄了他在各地拍攝影片的情況。鳥居應用攝影方法來研究，從臺灣到西南中國，地景、居住地環境、人種體質特徵等，是他主要的取材對象，尤具特色的是其中呈現人種體質特徵與文化特徵的人像攝影。鳥居除了在紀行文章中記錄了拍攝的對象與時間，甚至還為了標示所拍攝的族群別，常常讓被拍攝者身上貼了標示族群別名稱的紙片。另外，在田野中除了觀察與記錄外，鳥居也採集標本，這些採集的標本包括了具有族群文化特色的物件，甚至也有沿途所見某些特殊的植物標本。

鳥居的臺灣調查經驗，使他在田野旅行中，常常進行臺灣與西南中國的文化特質比較。各地的苗族、彝族社群的體質特徵、文化特質如服裝、頭飾、裝飾、紋樣圖案、家屋型態、空間安排、爐灶形式等，鳥居往往會將之與其曾經調查過的臺灣原住民進行比較。鳥居在西南中國旅行中曾經用來比較的臺灣原住民族群，主要是南臺灣平埔族、布農族、鄒族、泰雅族等。這些在田野旅行現場就所見與所知的比較，往往是在一定的人種類緣關係的問題意識下，進行文化特質比較的知識生產活動。從臺灣到西南中國，從原住民到苗族，鳥居帶著人種起源與分布的共享的問題意識，日後他在韓國、蒙滿等亞洲各地的田野調查，大致上也延續著類似的方法。

調查紀行文作為一種旅行文學

如果我們比較鳥居的日記體田野紀行《人類學上所見之西南中國》與後來的正式調查報告《苗族調查報告》，可以發現在日記體紀行中，鳥居在田野現場文化接觸過程中的許多記錄、感想與心得，活生生地躍然紙上。透過當地官署的協助，鳥居的調查路線走過官道、驛站，經過各地的地方行政中心。而在此一路線上，明清以來官方在西南的苗蠻征伐與漢人移民的影響，沿途所見所聞的地景、聚落型態、遺跡等，處處是歷史的痕跡。如果《苗族調查報告》是一種科學性的、比較體系化的民族誌作品的話，《人類學上所見之西南中國》就是在田野調查過程中看到的交織著過去歷史痕跡的田野現狀的紀行文。

當時，雖然已經是庚子拳亂之後，但中國鄉間仍存有仇外氛圍，地方官員似乎還比鳥居更擔心發生意外，除了派兵保護他旅行的安全外，往往也盡力招待此一貴客。鳥居原先的西裝，是留給都市化的通商口岸。他曾在旅程中數度被圍觀的當地人斥罵為「洋鬼子」，於是鳥居在田野中往往需要扮演，他透過改變服裝及戴上假辮髮，扮裝成中國人，甚至也準備了和尚法袍以備萬一，以求融入或通過當地。

這些在現場的、立即的記錄，使我們能瞭解人類學此一田野科學的形成期，田野調查進行的脈絡、田野中的社會史，以及更重要的，鳥居龍藏自己在貴州、雲南、四川長達半年以上的田野中，在各種自然與文化環境下，不同時期的情緒、思考、與面對各種狀況的立即反應。在《苗族調查報告》中，鳥居是一位隱身幕後的全知的學術研究者；而在《人類學上所見之西南中國》中，鳥居則是一位走到幕前的旅行記作者。

對於人類學史、日本殖民地人類學特別是鳥居龍藏的後臺灣調查時期感興趣的讀者，將在這本書中看到鳥居如何將他在臺灣發展出來的調查模式與方法，運用在隨後的中國西南調查上。對於中國的西南邊區以及少數民族感興趣的讀者，將在本書中看到經歷過明清傳統帝國邊疆統治政策影響的邊區的族群政治、人文地理，以及與漢人交織的族群關係；更重要的是，書中呈現了在二十世紀新興民族國家興起之前，在受到民國成立後到二次世界大戰中國戰場全面性的戰爭擾動之前，以及在中共建國後的少數民族識別與自治區的族群政治產生全面性的影響之前，西南中國的城鄉關係、產業模式、族群關係、複數的文化型態等面向。對於旅行文學感興趣的讀者們，將在本書中看到一個帶著人類學問題意識的旅人，雖然是預定行程的計畫旅行，沿途仍有許多意料之內與意料之外的見聞，書中有著他對地方風俗的描寫、對自然環境的觀察、對歷史史蹟的記錄與閱讀，對沿途所遭逢互動的官員、士兵、民眾與少數族群等各種人群的描寫。

二〇二〇年是鳥居龍藏誕辰一百五十週年，也是鳥居的故鄉德島縣的德島縣立鳥居龍藏記念博物館開館十週年，博物館的數位館藏資料中，鳥居龍藏的田野筆記數位檔也陸續公開使用，其中西南中國的調查田野筆記本《清國西部之旅》（《西清のたび》）七冊，也於二〇二一年二月公開。

鳥居西南中國之行的相關調查資料，從田野筆記（德島縣立鳥居龍藏記念博物館）[1]、田野期間拍攝的照片（東京大學總合博物館）[2]、採集的標本（國立民族學博物館）[3]、出版的調查紀行（《人類學上所見之西南中國》）到民族誌專書（《苗族調

1 徳島県立鳥居龍蔵記念博物館デジタルアーカイブ https://adeac.jp/tokushima-bunkanomori/top/topg/top_torii.html

2 鳥居龍藏寫真資料研究會編，《東京大學總合研究資料館藏鳥居龍藏博士攝影 寫真資料カタログ I-V》，（東京：東京大學總合研究資料館，一九九〇年）。

3 佐佐木高明編，《民族学の先覚者：鳥居龍蔵の見たアジア》，（吹田市：国立民族学博物館，一九九三年）。

查報告》），目前都可以從圖書館或者線上資料庫查詢到。想要進一步瞭解鳥居龍藏一百多年前的西南中國調查此一知識生產過程的讀者們，或者想要瞭解當時鳥居所記錄的西南中國之自然與文化地景、清末邊區地方社會、風俗習慣、少數民族文化特質等的讀者們，鳥居留下的這些豐富資料都可以參考。

人類學者在百年前完成其西南中國的調查之旅，他留下的日記、著作、照片、標本並沒有因為旅行結束後發表了研究專著而告一段落，這些物件，仍然以歷史與文化媒介的物件形式，召喚著後來的讀者們。我們對於鳥居的瞭解、對於近代人類學知識生產的探索、對於清帝國邊區族群政策與族群關係的認識，也隨著這些資料的開放與近用，而有更進一步瞭解與認識的可能。[4]

對於鳥居龍藏西南中國調查的多面向再閱讀的旅行，隨著資料的開放才正要有新的展開呢，或許，就從這本《人類學上所見之西南中國》開始吧。

4 目前也有一些根據鳥居龍藏新出土史料的研究，見黃才貴編，《影印在老照片上的文化——鳥居龍藏博士的貴州人類學研究》，貴陽：貴州民族出版社，二〇〇〇年；清水純，《画像が語る：台湾原住民の歴史と文化：鳥居龍藏・浅井恵倫撮影写真の探究》，東京都：風響社，二〇一四年。以新見田野筆記為主的研究，見德島県立鳥居龍蔵記念博物館、鳥居龍蔵を語る会編，《鳥居龍蔵の学問と世界》，京都市：思文閣出版，二〇二〇年。

譯序

胡稹

關於鳥居龍藏在歷史上首度以外國人的身分，並先於中國學者對中國西南地區所做的人類學調查和研究成果，中國過去曾有不多的譯介和初步的研究。一九三六年鳥居龍藏的《苗族調查報告》被譯成中文出版後，引起了中國學者的關注，民族學家江應樑發表了長篇書評予以高度評價。一九四七年凌純聲、芮逸夫出版了《湘西苗族調查報告》，書中自陳本書是對此前鳥居龍藏未能涉足的湘西苗族所做的補充性調查。其時在燕京大學任教的鳥居龍藏曾發表文章，評述該報告是《苗族調查報告》的姊妹篇。一九八〇年代以後，有多篇論文從不同的角度對鳥居龍藏在東亞的一系列調查活動做出回顧與評述。貴州民族研究所黃才貴則出版了《影印在老照片上的文化：鳥居龍藏博士的貴州人類學研究》一書，以貴州為主，對鳥居龍藏的調查做了全面的回顧與總結。二〇〇九年貴州大學出版社為研究需要，重新出版了《苗族調查報告》。由上可見，鳥居龍藏的調查和研究成果曾兩度進入中國學者的視野，但對其研究不多也不深入，原因之一似乎可謂中文譯本很少。《民族研究》二〇一六年第六期刊出楊志強和羅婷合撰的論文〈二十世紀初期鳥居龍藏對中國西南地區的人類學調查及其影響〉。該論文針對由鳥居龍藏發軔的中國西南少數民族與日本民族的文化淵源說，及其對於近代中國的民族建構與民族分類體系的形成所產生的影響做了深入的探討和研究，但由於它篇幅短小，無法將鳥居的研究成果和學術思想完整而全面地介紹給華文讀者，包括研究人員，故我們覺得有必要將鳥居龍藏的另一研究成果《人類學上所見之西南中國》翻譯出版。在讀者閱讀本譯著之前，我們希望補充介紹一些尚未被大家瞭解的作者情況和此書的價值與魅力所在。

鳥居龍藏（一八七〇—一九五三）出身在日本德島縣德島市，年少時未接受過正規教育，但後來有幸進入東京大學，師從坪井正五郎[1]學習人類學及其他學科，畢業後歷任東京大學副教授、國學院大學、上智大學教授、中國燕京大學客座教授，是日本的人類學科

1 坪井正五郎（一八六三—一九一三），人類學家，東京大學教授，日本的人類學始祖。曾創建東京人類學會，創刊《人類學會》雜誌。就日本石器時代原住民問題提出「克羅珀科爾」（koro-pok-kur，阿伊努語的意思是「居住在蜂斗葉下的人」）學說。根據阿伊努傳說，在他們來到北海道時，那裡已經居住著一批矮人。這些矮人住在豎穴建築中，善於捕魚。雖很頑皮，但也幸福，與阿伊努人和諧相處。就此日本人起源的新學說，日本在明治時代中期曾展開激烈的討論，但未得出明確的結論。

創建者之一，也是大正時代（一九一二－一九二六）日本的考古學指導人之一，以及在蒙古國、中國東北地區展開考古調查的拓荒者之一。在民族學研究領域，鳥居龍藏亦居功至偉，除了在調查千島群島阿伊努人、臺灣原住民和西南地區苗人方面能較他人先行一步，業績頗豐之外，還自創了所謂的「多系統結構要素」理論，在探討日本民族起源方面亦頗有建樹。以上成果在一九七五年至一九七七年由日本朝日新聞社出版的《鳥居龍藏全集》（共十二卷，外加別卷）中都有完整的體現。不過我們也必須指出，鳥居龍藏的學說並非無懈可擊，其不少論斷在今日仍難以完全為人們所接受，但正因為其理論富於啟示和聯想，故至今還受到眾多學者的肯定和推崇。比如在日本民族起源問題方面，早先西方和日本的學者幾乎都站在各自狹隘封閉的立場上，分別從某個管道進行研究，提出的成因說也五花八門，但鳥居龍藏在當時卻能力排眾議，幾乎憑藉一己之力，通過廣泛的海外調查和研究，提出日本民族並非來自單一途徑，而是由多個人種融合而成的結論。這些觀點在今天看來似乎已不新穎，但將此結論放在當時的年代和環境中考察，人們就不得不承認鳥居龍藏的學說具有理論的先進性和更為科學的思維方式與實證精神。其結論是：最早一波來到日本的是阿伊努人，之後又有人從朝鮮半島、中國東北地區和俄羅斯沿海州等地相繼進入日本。與此前後，東南亞島族部落和臺灣的人群也利用黑潮之便，從菲律賓、印度尼西亞、臺灣等地匯入日本九州地區。此外，中國西南少數民族也曾到過日本。此間鳥居龍藏做出的最大貢獻，是提出中國西南地區少數民族曾早於漢人，經由中國南部，不遠千里遠涉日本，帶去了包括著名的銅鐸在內的許多文物，也參與了日本民族構建的結論。不過經過分析，人們也可以看出他的結論受到時代局限，缺乏更多的歷史依據，在地理方面也未說清遠在中國西南一隅的少數民族是如何遠涉陸地和海洋到達日本的。然而瑕不掩瑜，我們在承認鳥居龍藏具有時代局限性的同時，也應客觀公允地對其科學探索精神和實證思維等加以肯定，並接受其學說的刺激與啟發。因為雖說科學須以充分的論據和嚴密的論證方能成立，但人類若缺乏想像，即使擁有科學精神和態度，也無法輕易找到進軍科學殿堂的路徑。尚且鳥居龍藏在當時也不是全憑空穴來風，隨意而大膽地做出自己的學術想像的。我們不清楚他在寫此書之前是否已對中國西南少數民族參與日本民族構建一事有所認識，但閱讀此書可以發現，他顯然是在廣泛的田野調查之後才對此問題展開思索，並為日後提出該理論做出聯想和準備的。鳥居龍藏在世的時間不長，且該時期在現代科學迅猛發展的時代之前，設若假以天年，他則很有可能憑藉更為先進的科學手段和良好的工作條件，對日本人起源問題做出進一步的研究和完美的闡釋。為此我們需要摘錄此書中的部分記述，以顯示其科學思索和聯想之一斑：首先是建築：「義倉[2]為吊腳樓建築，地板稍高於地

2 義倉是隋以後歷代封建政府為備荒年而設置的糧倉。北齊時徵義租，在州、縣設倉存儲，此為義倉的先河。隋文帝開皇五年（西元五八五年）始設義倉。《隋書・長孫平傳》：「奏令民間每秋家出粟麥一石以下，貧富差等，儲之

面，與日本農村常見的神社建築相似。正面有入口，無磚牆，全以木頭建造。余思忖日本古代建築是否與此有關。」「屋頂以茅草鋪葺，其樣式與我國古代井欄式建築相同，乃交叉圓木累積而成。」「最需關注者乃其房屋結構：長方形，縱深狹窄，左右兩端長，與日本古代井欄式建築完全相同。橫向壘積長圓木，於四隅處交叉，如作井桁。皆不用釘子，而以葛藤綁紮。正面開一入口，設雙開扇以開閉。二層結構，屋頂鋪萱草，坡度頗陡，屋脊上設『千木』，如在日本神社所常見。」「其結構如連州一帶房屋，極其簡陋，卻有我國山地人家之意趣。令人倍感珍奇者乃屋頂皆有『千木』，其樣式與我國古代建築『千木』極其相似。」

「在中國境內雲南省保留最多的古代風貌，……尤其此地廟宇與日本神社、佛堂的結構極為相似。普通民房也以木構為主，少用磚石，其門戶與帶瓦圍牆的形制以及瓦的鋪葺方法皆酷似日本風格。不僅如此，而且其最為有趣者乃瓦的圖案有菊花紋，與我奈良地區一帶常見的瓦紋相一致。」

裏巷，以備凶年，名曰義倉。」在收穫時向民戶徵糧積儲，以備荒年放賑。因設在裏社，由當地人管理，因而亦名社倉。後又定積儲之法，準上中下三等稅，上戶不過一石，中戶不過七斗，下戶不過四斗。唐初置義倉及常平倉，元和中改稱常平義倉。清代規定，州、縣設常平倉，市鎮設義倉，鄉村設社倉，互相區別。至咸豐、同治時，義倉已名存實亡。

在對當地少數民族建造另一種屋頂時，鳥居龍藏還記述：「先在磚壁上縱向安放五六根木頭，之後在縱木上再橫向密布橫木，繼而再糊上泥巴。……大門的做法與房屋建造方法相同，大門屋蓋形狀亦為四方形。其縱木與橫木交錯的情形與我國銅鐸中的房屋圖案相同，此現象值得深入思考。」「縱橫架設於屋頂上的木頭前端向屋頂四周突出，其狀態在日本出土的銅鐸圖案上也可以看到。……若欲知曉日本銅鐸圖案中的房屋圖形，只要參見前述白彝的門戶或其房屋即可。」

其次是髮型和服裝：本地「居民裝扮習俗中引人注目者乃婦人之髮型。此髮型與過去常見的中國婦女盤髮形式差異很大，多與日本『島田式髮髻』相似。想來中國古代亦盤有此種髮型，如今在中國戲劇，如古裝戲中出現的婦女髮型即類於此」。「此一帶婦人多盤與日本『姨子』髮型相同之髮髻，且基本未見化妝。」「少女盤髮方式是將腦後頭髮剪短，與日本寡婦髮型相似。」婦女則「使用某種篦梳插於髮間，特意使篦梳兩端伸出頭外。此篦梳係此處苗女自行製作，施以赤色塗料，頗美觀。其插法有如日本的『櫛卷』，乃將篦梳橫插於髮際中央以固定頭髮。有時除天然頭髮外也使用假髮。該假髮亦與日本所夾入的假髮相同，但數量並非幾根，而是幾股，編成束狀，頗費功夫。」

「『狆家苗』衣物某些特徵尤為值得關注：該圖紋為變形渦紋或雷紋以及三角形、圓形等，搭配精美，乍一看與上古銅鼓與日本出土的銅鐸圖案相同。」「袖子寬大且長，衣裾亦長，衣襟右衽。其圍合方式與衣裾圍合方式皆與日本服裝的圍合方式相同。」「彝人風俗中與銅鐸相似者還有衣裳。即銅鐸顯示的衣裳外形與眼下所見的彝人的羊毛或麻布衣裳相同。」

再次是工藝品：「雲南省……房屋門口安置石獅一對，其形制與今日南北中國所見的獅子形態差異很大，總體呈圓潤形，與日本神社所見的『高麗狛』極為相似。」「中國各地安置的石獅大凡體態消瘦，而雲南的石獅子則有不同，體態稍胖，酷似日本神社前的石獸。」「雲南石敢當無論是形制還是放置地點，皆與其他地方有很大不同。即並非在普通石頭上勒字，而是特意將石頭打造為虎形，在其胸部刻上『石敢當』三字，放置在屋頂上。其放置位置與日本放在屋頂除魔的鍾馗位置極其相似。」

復次與勞動方法和生活用具有關：「搬運東西時，女子先將毛皮兩端綁帶打結於喉部，之後將坎肩帶皮部分翻蓋在背部，再後放背簍於羊皮上，最後將背簍繩子勒在額部，背簍中放上東西後向前移步。其做法如同日本北海道的阿伊努婦女。」男人「腰部佩砍刀，此砍刀與日本關東等地區的『鉈刀』完全相同，用樹皮或獸皮綁紮刀柄」。「在市場出售的陶壺中發現有與古代日本相同的『祝部陶器』。此物值得認真參考。」家中的「臼、杵形狀等也與銅鐸顯示的相同」。此外，在食品方面，當地「有四間茶館，出售與日本相似之『柏餅』。此乃當地名產，做法是舂米飯為年糕，中間包砂糖，以桑葉裏上方」。

除了與日本研究有關的記述之外，此書的另一可貴之處還在於對中國史學、宗教學和民俗學所做的相關研究，顯示了作者在人文科學研究方面的不凡功力，對我國學者似有參考作用。比如作者認為：「此前就『三苗國』有各種學說，但依余之見，以此沖積層上方的丘陵作為劃分『三苗國』地界的標準似較合適。若非如此，而以沖積平原新土層所在地作為標準似最為不當，因為此新土層時時刻刻皆在變化。按照過去所說，『三苗國』位置右為洞庭，左為彭蠡，但就此劃界似乎也有各種不同議論。依余之見，此洞庭、彭蠡二湖地勢，古今差異極大，僅根據今日地圖與地形加以論斷，則很可能犯下極大錯誤。」

又如當時中國學者對西南少數民族地區重視不夠，或曰無法重視，是鳥居龍藏先於中國學者到達中國西南某地，最早對某塔的價值和成塔時代做出認定：「四天王左右空白處刻經文。余為做參考，拓片後帶回國請教高楠順次郎文學博士，答曰乃藏文經文。因此該塔在學術上極有價值。塔或碑刻中所記載且被譯成漢語的經文經常可見，但此次旅途中迄未見過記有藏文經文的佛塔。當地人僅稱其有數百年歷史，但其由來卻不見有人傳述，然而從佛像形制與刻有藏文等情況判斷，似乎係元代作品。」

再如針對某類懸棺的早期研究，作者認為：「此類蠻子洞用於何事？何民族與此有關？其年代如何？若盡信中國人之說，則此洞穴乃『蠻族』所居的窯洞遺跡無疑，而霍斯、巴伯之流亦似有模仿中國人鸚鵡學舌之嫌。……余就此有以下看法：第一，此洞穴形狀並非窯洞結構，而帶有墳塋性質；第二，其中有骨殖存在，亦有陶器等隨葬品；第三，有石棺痕跡；第四，內壁刻有文字，至遲可追溯至後漢時代前後；第五，與日本『橫穴』形制相同；第六，形制、雕刻皆中國樣式，其中刻有漢字；第七，模仿宮殿房舍式樣雕刻，刻有瓦形或人、鳥、魚等。基於以上理由，余認為該洞穴並非窯洞，而是墳塋，而且與日本『橫穴』非常相似。即使當地人偏聽偏信為『蠻人』的窯洞遺跡，也絕不可輕信。從洞穴形狀或其他方面來看，此洞穴並無半點『蠻人』留下的痕跡，而散發著純粹的漢人氣息，時間可溯及漢代，精確說來應屬後漢。故可認為此類洞穴乃當時居於蜀地的漢人，經選擇此類地形挖掘洞穴，待自身過世後葬於此處的墳塋。」「中國與歐洲學者及旅行家（如霍斯、巴伯以及里茨爾女史等）將此視為窯洞遺跡，但事實絕非如此，而是墳塋。尤其該形制與日本曾經廣泛存在的橫穴相同。恐日本橫穴與此大有關聯。故可謂日本古代橫穴之埋葬方法原本就來自漢代蜀地等。」

復如中國西南城市的讀音問題。作者認為「元代稱昆明為Yachi一事。此地名屬何民族語言至今不明。大凡元代中國各地地名並非漢語，而多根據蒙語讀音，該Yachi或為蒙語亦未可知。若不然則大有研究之必要。余以為該讀音與漢代此地所屬的益州的讀音非常相似。漢語將益州讀作Yizhou。是否馬可・波羅將 Yizhou 訛讀為Yachi?若此推斷正確，則元代昆明或稱益州。此暫存疑，錄此為照。」

再者，通過此書對辨析中國近代史上有關事物的起始時間似乎也有參考價值。比如煙斗，作者認為：「此地煙具與上述煙具相同，乃襲用煙草當年首次傳入中國時的煙具形態。今日中國普遍使用的金屬水煙筒，恐近年來才有。」再比如對中國西南地區的近代教育作者記述：「此地為窮鄉僻壤，而斯義學居然建築美觀，從其他地方聘請教師教育兒童。學生中也有彝人子弟。據說今日彝人中略通文字者皆出自此義學。」「村內有一座廟宇，正面祀關羽像，右壁掛觀世音畫軸，左壁書寫『撫育群英』字樣，匾額題寫『精忠貫日』四個大字，落款是『咸豐元年吉旦秋七月』。根據大樑所刻文字可以確定此廟乃道光年間所建。道光在咸豐之前，距今已有百年。如此看來，此村彝人在很久以前已進化至接近當今的狀態。而且廟宇平日做學校使用，先生亦從遙遠的『江川』聘請而來。渠等作為『蠻夷』，文化發達如此，以此可見一斑。」除此之外，作者還有重大的發現和思考，即關於西藏某些民族在與漢人的接觸過程中，是從何時開始逐漸漢化的。鳥居龍藏在調查與漢族交界的西藏某族人使用的詞彙時，發現那些民族在當時已不能完全使用本族語言，而須部分使用漢語：他們的讀音是「頭（nok）、頭髮（?）、眉（?）、鼻（?）鬍鬚（?）、口（?）。以上問號代表渠等已然忘卻而無法發出的讀音」。至於中國滿清政府對西南少數民族採取懷柔政策後，漢人和少數民族的關係何時得以逐步改善的問題，也可以從鳥居龍藏的著作得到推測：即在清末，漢族與西南少數民族的關係已有了較大改善。「今日所經之處皆可謂彝人的大本營。尤其值得關注者，乃自海棠以來的漢人集鎮、村落皆無城牆，亦無軍營，即使其地名帶『營』字，但至今也見不到一名軍人。尤以漢人各自獨立居住山上一事，似乎更能證明此地雖為蠻夷根據地，但此附近一帶對漢人而言已無危險相伴。」諸如此類的真實紀錄，對中國相關研究的人士來說不啻為一個良好線索，也讓我們為中國各民族友好交流相處具有堅實的歷史基礎感到高興。

另外有些事項的記錄也耐人尋味。長期以來人們認為只有日本等國有櫻花，而中國沒有。但實際上英國探險家克林・古德・英格朗父子在探險中國西南地區後就已著文，說中國櫻花種類有二十三種，超過日本的十一種。但讀過此文的人不多。作者在本書中談到在深入中國西南地區後發現當地也有櫻花：「途中見櫻花開放，在中國山區得以觀賞櫻花實為珍奇之事。」可與克林・古德・英格朗父子的論斷互為佐證。

此書的另一價值還表現在作者能從一個外國人的視角，對當時中國的社會、政治萬象做較為敏銳、客觀因而可貴的記錄（包括照片和繪圖）。作者作為外國人，可以不為中國當時的朝政和主流意識形態所左右，故採用了一種相對豁達、客觀的態度對中國事物做出攝影式的記錄。其所作所為讓我們聯想到歷史上有關圓明園的記錄。如今通過日本學者關野貞和其他西方學者的紀錄以及一八六〇年以後拍攝的圓明園老照片，我們知道圓明園在一八六〇年第一次被焚毀劫掠後，園中大多數西洋磚石結構的建築依然存在，其中有不少西洋石雕建築完好如初。而後因圓明園的守衛形同虛設，加上四周垣牆多有頹敗之處，無法阻擋各色人等入內，才上演了除守軍、太監監守自盜之外，還有大量匪賊、不良遊民和附近百姓來此挖掘哄搶、篩土發掘文物的悲慘情景。至於圓明園的第二次被洗劫，則是在一九〇〇年八國聯軍進入北京，駐園清軍潰逃和守護太監隱遁之後，由此逐漸釀成公然拆毀建築、砍伐樹木的混亂局面。民國以後徐世昌、王懷慶等人也都曾大規模地運走園中石料移作他用。一九〇〇年以後的大破壞持續了二十餘年，但凡園中的地磚、屋瓦、牆磚乃至椽材木料甚至金屬附件等，只要是可以利用之物皆蕩然無存，周邊百姓的建築原料也大都在園中就地取材。

鳥居龍藏的研究方向與關野貞及其他西方學者不同，他未能看到當時中國北方大城市的景況，而是到達當時中國和外國學者幾乎都不願意涉足的中國西南地區，故也給我們留下一份當時當地的真實紀錄，其中最有意義的是萬慶寺的紀錄。萬慶寺毀於一九一一年，而鳥居龍藏到達該地時是一九〇三年，故在該塔被毀之前還能看到它的原貌，實屬幸運（惟遺憾者在書中未插入照片）。鳥居龍藏是這樣記錄萬慶寺的：「塔立於城外東面東嶽廟前方，顯然是元代遺物。圓塔，高約二十尺，以磚築就，磚面抹白灰。塔中央與前後皆有券洞與佛龕，置有佛像。咸豐年間遇太平天國之亂，罹兵燹後損毀頗嚴重。光緒初年基於保護古蹟的目的進行重修，及至今日。」

鳥居龍藏的紀錄還涉及眾多方面，反映了當時中國社會的亂象與醜陋。其中有關清朝官員顢頇、崇洋媚外、官本位思想與法律鬆弛的紀錄是：「今夜有盜賊，盜走船員物品。報官後物品即被送還，頗覺滑稽。」河盜「常以威脅通行船隻、搶奪裝載貨物與乘客財物為業。政府因此曾大舉掃蕩，屢加討伐，然因渠等巧扮漁夫，無法區分孰良孰盜，故每每難以下手，掃蕩往往無果而終。」

「發現艇首已插上一面白色大旗，上書幾個大字：『東京帝國大學堂教習』。據船夫說，如此一來則河盜既不敢來，其他船隻也不致爭道於前。事實果如其言。一路上豈但未見河盜，而且迎面駛來之船隻見此旗幟，皆一面急忙為余船讓道，避向一旁，以表敬意，一面竊竊私語：『大官來矣！』據聞過去外國傳教士通過此水道時，亦咸插寫有某國大傳教士字樣之旗幟。由此習俗可以想見，中國不愧為官尊民卑思想之開山鼻祖。」

「此處有稅卡，往返貴州的商船須在此接受官吏檢查，並按規定繳納稅金。因中國係注重繁文縟節之老鼻祖，故該通關手續相當繁雜，辦事久拖不決。而且官吏尤為惡劣，一旦言語不周，開罪於渠，則終日棄汝不管，有時不得已要在此虛度整日，故商船視官吏為瘟神。……余船夫頗聰慧，此時急中生智，迅速在船頭豎起前述印有『大日本帝國大學堂教習』文字的大旗。大旗於風中翻飛入港，官吏見之，先表敬意，而後草草檢查貨物後即讓船隻通過。彼大旗已然成為渠等驅除瘟神之良藥，實可謂物盡其用。余見之心中暗自發笑。」

「按中國慣例，若遇此類案件有當事人之外的洋人為之說情，則經常會被赦免。原來中國人往往一方面對洋人顯示出無理態度，另一方面官吏又忌憚洋人的威權，在洋人交涉勸告後經常無理由地服從。譬如，罪犯被投入牢獄後，洋人若保證斯人乃誠實之徒則輕易被赦免，當下外國傳教士正頻頻祭出此法寶。余之所以答應土司，乃因知悉與此有關的全部情況。」

社會方面的紀錄則牽涉到當時中國的業態、社情與鴉片吸食的地區分界，而這些狀況在當下的中國已不復可見：「中國不光有替人梳頭的職業，甚至還有幫人挖耳垢的職業，但在此之前余尚不知曉有替人剪腳趾甲的職業。然而此類情景竟然就發生在余面前。中國社會分工精細如此實在令人驚歎。而且該職業人士與消痣先生一樣，皆不發一聲，而是揮動一種『鳴器』，以顯示自身的職業。」「中國的行商，大凡擁有自己的鳴器，以告知眾人自身的職業。因此他人一旦聽到某種鳴響聲，則立即可知銷售某物的何類商人到此，從而鳴器必須各自有異。由於銷售物品的種類繁多，故渠等為選擇各自不同的鳴器想出各種方法，甚至達到苦心孤詣的程度。剪腳趾甲先生亦復如此，該鳴器奇特無比，非在中國無法看見。」「入夜後，載有女郎的鴉片船繞行在停泊的客船之間，有人勸說船客吸食鴉片。此風氣始見於進入湖南之後，乃一種可鄙的風俗。」等等。

對當時清軍的部隊建設、軍備制度以及軍務設計方面的紀錄則有：「余決定今夜投宿此地，待走進某客棧時已是下午二時半。恰好今日平定廣西土匪、準備返回昆明的軍隊也在此投宿，其混亂局面不可言狀。而所謂的士兵也是在需要時臨時雇傭的戰士，故幾乎皆為無賴，既無節制，又無紀律，喧囂嘈雜，直至深夜。余一夜無眠。」「兵卒或手持青龍大刀，或肩扛中式長槍，軍服背後大書『弓兵』二字。『弓兵』原為古代戰鬥時操弓手之名稱，與現在炮兵、步兵等稱號意義相同。然此『弓兵』在迄今所經之地均未見到，來洪江司後始見之，實屬意外。由此觀之，可以窺知此地是如何遠離文明，至今仍墨守古代遺風。」「有八名從鎮遠差遣來的士兵在此迎候。渠等各自肩扛槍械，頗覺稀罕。余在此地始見攜帶槍械的中國士兵。其服裝亦較筆挺，著赤色服裝，背上縫有『鎮遠練軍』四個大字。從士兵外形而言，可謂接近完備。」「施平縣士官陪伴與余同行的士官來旅舍，打過招呼後說是在此交接，此後還有四名兵士要來，並拿來記有姓名的紅紙名片。此為慣例，格式如下：『計開護送練軍四名至楊老　唐之桐、龔超海、姚古之、周文彬　九月　日』。」

鄉村警察制度的紀錄是：「從此處開始，護衛士兵返回富民縣，轉為由某村壯丁一個村子一個村子地接替護送。據說此為當地慣例。蓋此一帶地處偏僻，距離縣城遠達數十里，故警察事務大抵由壯丁完成。若有官吏或公幹人士通過此處，則由壯丁取代警察，將其護送至下個村子，下個村子的壯丁接著護送，直至下個村子，如此傳遞，直至結束。此已成為一項對公義務。渠等到野外耕作時，每當看見旅行者過來，都必須放下手中農具，改為攜帶鳥槍、火銃，擔任保護任務。」

有關社會風俗、生活習慣的紀錄有：「據說此一帶正在流行瘟疫。江面上飄滿燈籠，有人從船上給紅燈籠點火，燈籠與江水一道載沉載浮，亦為一大美麗景觀。」「敕令以疫病作為神佛懲罰，以善人免、惡人死進行勸戒，說明此一帶官民迷信之深。」「中國號稱一品客棧的旅館當屬上等場所，然按其習慣亦僅提供臥房，伙食皆由旅客自己動手打理。臥具等如前夜，僅有草席一張，與我國旅客帶米自炊之小旅店非常相似。」「於今之書籍用紙仍使用以楮樹皮為原料之紙張，而非花紋紙。」

通過此書，我們還可以看出鳥居龍藏和當時大多數日本知識分子一樣，對中國和中國人具有一種複雜的心態和矛盾的心情。鳥居龍藏是一位受到中國文化哺育和滋養較深且較為正直、善良的學者，但由於出身、國籍和國情的不同，作者在書中流露出的既有對中國傳統的文化制度、中國的山水和中國人的人品的不吝讚美，也有對當時中國的經濟落後和中國人的愚昧心智及表現的鄙薄。讚美的有：「余來此地後可明顯觸摸到中國當年的身影，見有人保留漢代循吏故居，或立碑稱頌其德行，又可感受到中國文化的底蘊是如何高雅與厚重。」「所謂的義塚，即用『義金』修建的墳塚。日本未見有此類墳墓，而於中國卻時常可以見到。余於接近蜀地時見到此類墳墓不免大感興趣，並不得不認為中華民族乃極具公德心之民族，而非盛行利己主義之民族。在殘留古文化的令人思念的蜀地附近，見此凝結著公德心的結晶物——義塚，令余大為心生感動。」

「中國人乍一看似為恪守利己主義的民族，然於茶館卻不同，熟人相見，各自敞開胸襟，佐以清茶一碗，交談甚歡。如此可謂令人豔羨的良好社交風氣（酒樓與鴉片館則另當別論）。茶館、茶樓興盛，人人喜好飲茶風氣之甚，絕非日本人所能企及。由此可知中國茶文化之發達。」

「塔之設置與自然地形非常般配，與山光水色相映成趣。自然美與人工美相得益彰，確為一幅生動圖畫。據此可謂中國人構思亦精巧。」

「汽輪又漸漸向前，進入眼簾的兩岸景色此時已變為一幅中國平衍之水墨畫：土地廣袤，遠接天際，平坦如砥，無一丘壑；河岸一帶則綠柳含黛如煙，綿延不絕，房頂門戶或掩隱其間，樓臺亭閣或高聳卓拔，酒旗青色或翻飛亂舞，柔弱柳枝或靡風垂水，投影河面，為世界帶來幾絲清涼。有人或繫苫舟於樹幹之下，老翁船夫或於船首悠然吸煙……等等，其種種風情更為此水墨畫平添幾多畫趣。」

「此運河原為天然河道，經人工擴大後航行更為方便，然從余等日本人看來，我國自古至今從未有過如此規模宏大的運河。見此不得不歎服中國不愧為大國，惟其如此才能堅毅地完成如此規模宏大之工程。」

在對中國人的善良的記述是：「自辰州跟隨而來之護勇，與此處登船之一名護勇換班後登岸，為余長途旅行之安全祈禱後方才離去。」

而鄙薄的是：「為做紀念，余擬將此處勝景與風俗攝入鏡頭，然竟無一人可供調遣。不得已只能至某農家，將相機調至速拍狀態後，特意讓隨行者探訪家人，或囑某人外出辦事，將渠等誘出屋外，如此才得以在不為人知之狀態下成功攝影。僅此一事，即可見渠等乃如何孤陋寡聞。」他們「圍著余與相機七嘴八舌議論著什麼。觀者中有人目光疑惑，有人不可思議。挑夫自身亦不知拍照為何事，如墜雲裡霧裡任余擺弄，故拍攝毫不困難」。「此處道士與利慾薰心之現代中國人不同，質樸恬淡，卓立不群，蓋與仙境生活與略存太古遺風有關。」

「見此情狀即可明瞭渠等乃如何野蠻，如何愚昧。其喧囂方式實乃誇張莫名：眾人聚集在一個山坡上，相互擊鼓鳴鑼，或有人發出起鬨聲，或時而空炮隆隆作響，虛張聲勢，大有迎頭痛擊即將來襲的匪賊的架勢。僅聽聞匪賊要來而未見其蹤影，即有如此風聲鶴唳的表現，其喧囂之誇張，其行為之愚昧，幾可謂無以言表。見此一斑即可推知渠等知識乃幼兒園水平，其墮落程度已無可救藥，與苗人幾無二致。」

然而我們也要特別說明，作者雖然按照中國古籍和當時中國人的說法使用了一些對中國西南少數民族的蔑詞，但從文中可以看出，他對當地的少數民族並無任何不敬的意思，相反卻有著同情甚至是喜愛之情。這從他將自己在途中領養的小狗取名為「黑玀猓」，並為之不幸離世流下痛苦的眼淚可以清晰地看出。

同時我們還必須指出，受時代侷限，鳥居龍藏將「狆家苗」視為苗族的一支，而其實它屬另外一個民族，即今天的布依族。如此等敬請讀者在閱讀時能加以鑑別。

最後就作品翻譯的技術處理做些說明，並期盼得到讀者的理解和原諒：一、譯者在遇到與中國的主權、蔑稱等有關詞彙時，改譯為現在中國大陸通行的說法；二、將原作中少數民族名稱「玀猓」改譯為「彝族」或「彝人」。對其他少數民族的稱謂也做了適當改變；三、為保留原作的時代氣息，有時不得已會保留使用當時的漢人和日人對中國少數民族使用的名稱與相應的詞彙，但一律加注引號，如「蠻夷」、「蠻族」等。另外，譯者還對作者的極少部分觀點和敘述做了提示，希望引起讀者的注意並加以批判。退一步說，即使如作者所說，當時有那些情況發生，也罪在腐敗、無能的清政府，與普通的中國人民無關。換言之，上述各詞彙的保留使用和作者極少部分的不當表述不代表譯者和出版社的觀點；四、為便於讀者理解和滿足讀者的閱讀習慣，譯文將原文的〈後記〉調整為〈前言〉；五、將原作的「里」（日本里）數一律改譯為中國的「里」數。六、保留使用原文記述的華氏溫度表記；七、根據作者的寫作時間，譯者出於保留當年時代氣息的目的，在翻譯時刻意使用帶有清末特色的古文文體，其效果如何不得而知，敬請讀者評判。八、原文中的地名、村名等，有的用漢字書寫，有的用片假名書寫。而後者，譯者往往無法使其與中國現行地名、村名等對應。有的或恐與畢曉普夫人的著作《揚子江遊記》一樣，部分地名、村名等有張冠李戴之嫌。因此，針對這些片假名表示的地名、村名等，譯者一律使用羅馬拼音方式處理。敬請熟悉該地區地名、村名等的讀者，自行一一轉換理解。

本書上卷由福建師範大學協和學院教授胡稹翻譯，下卷由福建師範大學協和學院副教授賴菲菲翻譯。

二〇一九年六月二十日於福州

＊譯者案：本書所有腳註均為譯者所加，不另標示。

目次（上）

人類學上所見之西南中國

㊤

日文初版序

明治維新以降，我國國運日增，教育、行政、軍事、產業領域人才輩出，績偉勳殊，令人耳目一新。而學會亦不乏其人，其中如井上巽軒[1]先生，即儼然為其泰斗。先生早年從事東洋哲學研究，於儒教、佛教及神道教等開釋闡明之處不少，學富五車、博聞強記乃其天性耳。而其研究又廣泛涉及哲學、倫理、宗教、社會問題，所論無不目光犀利，超群卓拔。業餘愛好則及於文學，亦曾創作詩歌。且先生夙以尊日本國體、促國民道義為己任，可謂因先生得以維持綱常者大也。先生於我文化之發展，功績焉能言少？今先生高齡，年屆古稀，而精力絲毫未減，令人慨歎其讀書鑽研之精神，猶凌駕於

1　井上巽軒即日本著名哲學家、東京大學教授井上哲次郎（一八五五—一九四四），曾力行翻譯介紹歐美哲學，並邀請拉斐爾・馮・庫伯（Raphael von Koeber，一八四八—一九二三）到東京大學教授哲學，到東京音樂學校教授鋼琴。晚年轉而提倡國家主義。另外，還積極推動日本的新體詩運動開展。著有《哲學字彙》、《日本朱子學派之哲學》等。

一般壯年。客歲以來，吾輩曾受先生之教之恩者，胥謀組織巽軒會，一為先生慶壽，二為紀念先生之學問，因茲發行《巽軒叢書》，以做以上事實之證耳。

大正十三年十月吉日

巽軒會同人

凡例

本書之出版，意在奉獻於井上先生，其次又在於為先生於研究遠東文化方面所做之貢獻，以及對余之研究不辭辛勞予以熱心指導表示感謝。惟余所恥者，乃內容頗拙劣。

本書係余奉東京帝國大學之命出差調查中國人類學之分支——苗族人類學時所記之日記。調查自明治三十五年七月至翌年三月，逾時九個月。此乃余於人類學調查之餘暇，信筆所記日常見聞之瑣事，故不敢妄稱論文或報告。有關論文或報告擬另尋途徑發表，然其中之一部分，即《苗族調查報告》，余已於明治三十九年五月透過東京帝國大學出版社出版。

此日記係余於大學助教年代所作，於今視之，其著眼點及其他方面皆有幼稚之處。然其幼稚正反映出余青年時代之青春熱情，頗有可懷念之紀念意義，故作為日記體文章，未增刪一字就此原樣出版。

余之旅行，與普通遊山玩水不同，以當時未有幾人嘗試之苗族、彝族調查而言，帶有探險性質。其間自然和人為造成之困難實非一般可言。余利用上述重大調查機會與自然和人為因素造成之危險、不便之餘暇，於燈火之下所記之物，即此日記。

調查之際，仰賴當時東京帝國大學恩師、學兄與中國南部各地領事館、貴陽與成都武備學堂、東京地學協會諸位之處頗多。其間接受中橋德五郎、內藤湖南、岸田吟光及上海樂善堂眾人、白岩龍平先生等人以及其他諸友人之恩惠亦不在少數。茲記於此，以表謝意。

余於調查旅行之際，接受中國官員及個人保護與提供方便之處頗多。謹於此深表謝意。日中親善正由此而得以證明。

作為日人，於南部中國調查苗族、彝族等，在當下以余之工作為首創，又有係最後探索之感歎。然此調查尚未完成，余欲進一步由嶺南各省向印度支那等方向進發，嘗試進行延伸調查。亦希冀學界權高言重之人物不似余等以非官方學者，而以「浪人學者」[1]身分進行調查，並使其大而有成。

余常喜讀洪堡德[2]撰寫之《宇宙》等著作。受其感化，喜歡接觸大自然。余於旅行

1 「浪人學者」，著者乃接受東京大學資助，而非正式的官方資助進行研究。又，此說可能與著者在進入東京大學學習之前未受過正規的專業學習和訓練，而多以自學成材有關。

2 洪堡德（Alexander von Humboldt，一七六九—一八五九），德國地理學家，一七九九年至一八〇四年探險中南美，

中偶得閒暇時皆能盡力採集花草，待返回東京時將此類花草贈給有關專業人士。此為余之旅途中最為欣慰之事物之一。

原擬於本書中插入大量照片，但該照片當下皆歸人類學教研室所藏，借出稍困難，故僅少量使用手頭留存之照片。

日記中海拔高度皆以公尺為單位標出。溫度僅在書籍開頭部分標出，但中間部分開始省略。因溫度計途中受損。

本書印刷校正等有賴於野村寅治先生。佐藤醇吉先生對余之「橫穴」寫生進行摹寫。於茲一併感謝。有關彝人之插圖，由時年十六歲之小女綠子所作。

大正十五年七月二十九日於鳥居人類學研究所

鳥居龍藏

一八二九年調查中亞，係植物地理學、氣象學、海洋學等學科的創始人，對達爾文影響頗大。著有《植物園》（*Essai sur la géographie des plantes*）、《宇宙》（*Kosmos*）等。

前言 余於中國西南地區旅途中有關人類學之調查研究內容

一如後述，余為人類學調查一事於中國西南地區長期旅行，並按日期將每日所見所聞與所觀察之事物及其感想等依次記錄，然彼充其量只是一部「旅行日記」。歐美學者在某地旅行調查後，無一例外皆將所做之調查結果整理成珍貴的學術論文與學術報告，供少數同行專家及感興趣之讀者參閱。而且於發表自身研究成果之前，依例一定會出版該調查地之旅行紀錄。歐美國家學者通常是以此兩種方式公諸於眾的。

反觀日本，日本學者所發表者，僅限於晦澀難懂之調查報告等，不僅數量極少，而且內容極其艱深乏味，閱讀時味同嚼蠟，而至於該調查地之狀況如何、山川景物如何、人類之風俗習慣如何、自然與人文之關係如何等等，則一律付之闕如，故可謂文學家之遊記不過純按趣味記述，而學者之遊記於日本則少之又少。

余之記述即屬「旅行日記」，與余擬發表之論文、報告自有不同之處，當屬既往調查研究時每日記述之不偽飾、不矯情之日記體文字，主要記述余如何踏訪某地、該地山川人文風俗與余又有何關涉。余為此於日復一日研究學問之同時，未嘗有一日懈怠日記之記錄。

其他學科之做法似亦大致如此，而至於人類學學科，因其直接與人類相關，故旅行日記之記述方法與其他自然學科的學者做法自有不同。至少按我學科角度，從某種意義來說，遊記本身似不妨視為學術研究著作。然而儘管如此，此著述仍為一部研究旅行中之日記。余乃按此意義使其出版。

話雖如此，余亦擬將此次調查研究之結果整理成論文或報告發表。眼下已通過東京帝國大學理學部出版了《苗族調查報告》，而此報告乃全部成果之一部分。至於彝族（Lolo）[1]、西蕃（Sifang）及其他民族尚未有論文、報告發表。眼下考慮不日使其發表。總之，在此漫長之旅行過程中，余乃如何研究，又獲得何種結果，必須大致有個記述，並以此作為前言。

余旅行該地之目的，全然出自調查研究人類學之需要。旅行該地之動機一如後述，一為考察臺灣「生番」之一部與中國南部「蠻族」之間是否存在某種聯繫；二是因為該

---

1 原書作「玀猓」。

地過去稱為「三苗國」或「有苗國」，於中國史與遠東人類學方面最為引人注目。然而儘管如此，迄今日本學者中亦尚未有一人對此展開研究。余對該地素來抱有極大興趣，進行調查旅行可謂勢所必然。

讀過中國《書經》及其他古籍之人士皆知曉苗人居於南部中國。然而當下渠等是否仍居於該地，在日本卻疑問重重，以至於甚或漢學家兼史學家、已故的重野安繹[2]先生及其他有識之士皆曰「三苗」已流於「三危」，如今已不復存在。至於其他學者，則於學術上對南部中國情況既缺乏考慮，又不做任何打算。

然而歐美人士則不同，渠等或作為傳教士，或作為學者對該地加以高度關注，於研究語言、民俗、歷史等方面傾注極大興趣，以至於余等屢屢可見法國、英國人就此撰寫之著作。因此，余亦抱有興趣赴該地調查。

先為苗族。中國苗族之主要聚居地乃貴州。該地有「黑苗」、「白苗」、「紅苗」、「打鐵苗」、「花苗」，還有「狆家苗」。渠等通稱苗族，屬同一民族，僅於各

2　重野安繹（一八二七—一九一〇），江戶幕末至明治時代初期著名的史學家與漢學家，鹿兒島藩士。年輕時入薩摩藩藩校造士館與昌平黌（儒學學堂）學習，後任造士館「教授」，編撰《皇朝世鑑》。明治維新後進入修史館（今史料編撰所前身）編撰《日本編年史》。一八八八年任東京帝國大學教授，開設國史科，歷任日本史學會首任會長、元老院議官、貴族院議員等。與星野恒、久米邦武共著《國史眼》等。

方言中或於風俗習慣上略有差異，從人類學角度看，屬相同種群。渠等聚居地係貴州，然亦分布於湖南、四川、雲南或越南等與貴州接近之地區。余測定過渠等體格，亦比較過其語言，還就其風俗習慣與神話傳說等進行調查。

其次是彝人。渠等聚居四川，以清溪以南、峨眉山西部、雪嶺山脈中心地區為最多。渠等還分布於雲南北部，少量分布於貴州西部。該民族與苗族相似，方言、風俗習慣等略有不同，可分為「白彝」（譯者按——原書作白羅猓。下同，夾註中不再一一注釋）、「黑彝」（黑羅猓）、「散密彝」（散密羅猓）或其他各族群。余就其體格、語言、宗教、風俗習慣等做過調查。

上述苗族與彝族乃西南中國漢民族以外之少數民族。彝族與苗族於體格上有極大差異，故苗族與越南、泰國等地之民族有所關聯，而彝族則與緬甸民族具有極大相似性。該兩大民族於中國西南通稱為「南蠻」或「蠻夷」，與北方漢人頻頻發生衝突。

如今苗人已不居於湖南之大部地區與湖北及長江流域等地，然歷史上「三苗」曾以上述地區作為自身根據地，於該地聚居繁衍，當下主要殘留於貴州與湖南某地之苗人即歷史上之「三苗」後裔。渠等仍保持固有之體格與風俗，操持固有之語言。至於彝人，過去則長期與漢人發生衝突，於今仍保持獨立之狀態。於漢人而言，如今仍對該族群之一部以「獨立彝族」相稱。

余調查以上兩大「蠻族」時面臨巨大危險，然最終毫無缺憾完成調查工作。余乃如何調查？到過何地旅行？若閱讀本日記體文章即可知曉。

於苗族研究時需關注者，乃渠等自古即擁有銅鼓。銅鼓文化乃渠等最為自豪之文化，且為創造於長江流域以南地區「蠻族」間之傳統文化。荷蘭、德國等國學者於余旅行苗地之前即就此銅鼓展開研究，然余就銅鼓研究更費心力。

尚須補充者乃西藏民族之研究。余於明治三十四年至明治三十五年對中國西南少數民族調查之主要對象乃作為「南蠻」之苗族與彝族等族。然於彝族之西面，分布著與渠等互有接觸之西藏民族。西蕃即該民族。渠等實乃東部西藏民族之一支族群，當下仍殘留於四川部分地區。渠等不僅分布於四川地區，還分布於流經雲南省北部之金沙江西北地區。「里斯（Lisú）人」即該族群。余未就西藏民族做過專門調查，然就與彝族保持接觸之西藏民族略微做過調查。

此外，於考古學上主要進行者乃洞穴調查。此類洞穴分布於長江上游之岷江，以及經敘州、重慶至荊州之所謂之三峽兩岸。該地漢人稱之為「蠻子洞」。據渠等所言，此類洞穴原為「蠻族」穴居之遺跡。在余旅行之前，各類歐洲學者，諸如巴伯（C. Baber）、霍斯（A. Hosie）及其他學者亦證明此類洞穴即穴居遺跡。然而，經過此次多番調查，余發現此類洞穴乃漢代墓穴無疑，其中被葬者乃漢人，與日本現有「橫穴」性質相同，而且比日本「橫穴」產生之時代要早。

如今在長江流域及南蠻以南地區尚有許多類似之洞穴未被發現，故可推想此類洞穴過去分布更廣。觀察今日該地漢人墓穴，渠等仍舊依山營建此類洞穴式墳塋，故可謂相互之間具有某種關係。就四川之洞穴，余已於日本《考古學》雜誌發表部分研究成果。簡單說來，即於砂岩側面掘洞，於其中建屋室，於入口施以精美雕刻，以顯示其為建築。其內部亦進行過修整，以便放入棺木等。據此可以認為，該洞穴即漢墓無疑。

此外，余於中國各地購買許多中國人撰寫之有關苗人之書籍。究其原委，乃因地方類書籍於中心城市書肆無法購買，故只能於各地區城市才能購得。譬如在貴州，於今書籍用紙仍使用以楮樹皮為原料之紙張，而非花紋紙，一如日本古代書籍。此類事情若不到當地則無法瞭解。部分隨筆類書籍與州志、縣志等書籍於中心城市雖亦能購得，然余於各府縣或根據需要購買，或向府衙門、縣衙門等處借閱，往往通宵達旦抄錄後亦得以敷用。因此，余已大凡集齊與余旅行所至州縣有關之必要書籍與地圖。

余於中國西南地區之調查情況大致如上。於今觀之，該結果不可謂令人耳目一新，然余確信，於當時尚未有日本學者或歐洲學者到達該地之際，係余首先親赴該地，並親力調查。

然而時機尚不成熟。當時人們對余之調查研究抱有興趣者實屬罕見，而時至今日亦未見有所改觀。此種情形從我國漢學研究者大凡局限於中國某地事物，對中國西南地區不願關注一事亦可看出。余回顧自身對此能著先鞭，甘冒眾多風險進行調查研究，感到不勝愉悅。

以大英帝國而言，該國學者巴伯調查路徑與余相同，於結束考察彝族地區之後，於倫敦發表「旅行日記」，大英帝國皇家地理學會旋即授其金獎，以表彰其名譽。與巴伯相比，余自信於調查方面毫不遜色，然日本學界對余之調查毫不關心，實乃學術之憾事。余固不敢奢望獲得與巴伯相同之金獎，然對日本學界偏重局部研究，不著眼大局一事，余不得不認為乃我先輩諸賢之一大缺陷。余就此類問題尚在繼續研究之中，詳細之研究論文及報告等擬待他日發表。

余擬對未及研究之福建、廣東、廣西等地乃至印度支那等國繼續進行調查。從苗地返回東京後余即著手立即奔赴該地區，然因人事阻滯，至今未能成行。余期盼能對上述地區進行調查研究，亦冀望能給尚處於黑暗之中之西南「蠻夷」帶來一線光明。

包含苗族等在內之印度支那民族，屬南部中國至南亞大陸之基本人種，除漢民族與歐洲系統之印度民族之外，渠等於包含中國南部乃至印度支那之所有南亞地區形成自身固有之文化，并於征服尼格里特[3]族人與馬來系統之印度尼西亞族人後又給予後者以文化影響。為研究臺灣以及菲律賓、爪哇、蘇門答臘、西里伯斯等南方群島之人種、文化等，就必須瞭解與比較該印度支那民族。

此次調查旅行中，余之翻譯事事勤勉，對余幫助極大。渠乃罕見之人才，余藉此機會行文予以激賞。再者，湖南、貴州、雲南、四川等省中國官憲為余途中之保護工作及調查提供了極大便利，地方鄉紳、紳商等亦給予莫大幫助。余在此須對上述人士致以衷心感謝。余得以平安進行旅行調查，可謂全拜中國官員及無數個人之賜。如今我國當權者似正花費鉅資力圖振興日中文化事業，然在余看來，從事日中學術事業，余之中國西南地區調查並非依靠物質，而全憑一種精神。若我國當權者能以本書作為參考，則余三生有幸矣！

---

3 尼格里特（Negrito）族，指黑色人種中居於東南亞周邊一帶的身材低矮族群，如菲律賓群島的阿埃塔（Aeta）族、孟加拉（Bengal）灣安達曼群島（Andaman）人、馬來半島的塞曼（Semang）族等。

第一章

旅行的目的與行程

余產生旅行中國西南地區之想法，起源於前些年到臺灣調查「生番」時產生之一個疑問：彼「番族」與如今居住於中國西南地區之苗族在人類學上是否有密切之關係？於是產生了深入苗族聚居地調查該狀況，以破解上述疑問之念頭。此為主要目的。其次還有調查散居於雲南、四川各地彝族等族之目的。就臺灣「生番」與中國苗族之相似性，拉克伯里（Terrien de Lacouperie）於其著作《臺灣筆記》（*Formosa Notes*）中曾論述散居於臺灣北部山區之「黥面番」（泰雅族——譯按）與中國苗族之關係，明確表示二部族共為一族。對此意見，余竊予首肯，然亦認為其間論述並非沒有任何疑問。對此若非實地調查，則無法斷定其正確與否。由此余進一步增強了探索苗族，解決人類學方面令人感興趣之問題，其中包括檢驗拉克伯里學說之想法。所幸東京帝國大學[1]亦感到有此必要，命余對其展開調查。余大受鼓舞，立即著手旅行之準備。待行程決定，已是明治三十四年七月之事情。

七月下旬搭汽輪從橫濱出發，八月六日到上海，余決定直接換船溯長江而上。長江之壯觀夙有所聞，然實際到江面一看，果然是巨流滔滔，由天涯而來，向天涯而去。至中游江面寬廣無邊，兩岸樹木幾不可辨，其景象若非於中國大陸絕不可見。一路上順次經江陰、鎮江、江寧、太平、蕪湖、池州、安慶、九江、黃州等港口，最後到達中國內地著名商業交通中心——漢口。

於漢口登岸後稍事休整，做深入苗地之準備。與此同時，還調查了與漢口、漢江一江之隔之漢陽一帶。之後向苗族之大本營貴州省進發。如地圖所示，貴州屬高山地帶，崇山峻嶺四面環繞，自古以來交通不便，於南部中國自成一處天地乾坤。因此，於歷史上某個時點誕生並繁衍於湖南至長江南部各地之苗族，在漸次遭受「南侵之漢族壓迫」後多逃往貴州。所幸有天然屏障保護，故及至近代漢人亦不大進入貴州境內，苗人得以安居於此，沉浸於武陵桃源清夢之中，直至今日。湖南境內多分布苗族一事見於中國最

1　今東京大學。

古老之文獻〈書經〉。此外，〈舜典〉、〈禹貢〉及其他文獻亦多處出現堯、舜、禹時代漢人與湖南「三苗」有種種關涉之記載。由此可知於上古時代，苗族於湖南地區勢力最為強盛。

因有此地形，故欲遠赴貴州乃極度困難之事。重要通道僅有兩條：一、自湖南進入；二、自湖北至四川重慶，再由重慶轉而進入貴州。余乃取湖南路徑進入。因事先已安排好調查順序，又因前述古代「三苗」與洞庭湖一帶關係最為密切，故有必要經過該地區。豈料時值辰州附近發生殺害英國傳教士之事件，漢口領事山崎先生力陳湖南路徑危險，勸余勿由湖南進入。然余意已決，故謝其厚誼，惟攜帶翻譯一人，行色匆匆趕往湖南。

舜與苗族

自漢口經湖南進入貴州，須先渡長江，入洞庭湖，並穿越湖面至常德，之後經發源於貴州境內、下游注入洞庭湖之沅水溯流而上。此水路船隻係中國式小船，以運送貨物與旅客為目的，多由接近貴州之湖南麻陽縣人運營。余即雇傭此小型麻陽船自漢口出發。日人乘此航船係曠古未有之事，故渠等大為吃驚。此小船溯長江巨流速度自然很慢，到洞庭湖入口之岳州附近已費數日。岳州屬湖南省管轄，位於洞庭湖水與長江幹流合流處之東岸，即所謂地扼湖南咽喉之要衝。中國文學傳唱久遠之岳陽樓即高聳於該府城城門之上。

小船繼續向前，浮泛於洞庭湖上。洞庭湖係著名大湖，歷史上文人墨客泛舟於湖，低吟淺唱，留下頗多名作。湖面視野開闊，四顧茫茫，如海如洋，水天兩相彷彿之間，君山如青蘿飄浮於上，宛如一幅活動畫面。君山上有著名黃陵廟，對此自古有眾多傳說，亦成為中國文人絕好之寫作素材。

該傳說見於文獻，而當地土著對余提問之答覆如下：上古，舜南巡湖南，狩獵於蒼梧山野。崩後舜妃娥皇、女英二姊妹不知此事，仍因仰慕舜帝，千里迢迢尋訪至湖南，當聽說舜已駕崩，悲痛異常，遂投洞庭湖而死。土著憫之，於君山建廟祀其靈。今黃陵廟即此廟。此固為傳說不足憑依，然作為浪漫傳說卻頗覺有趣。

《史記》論及舜之死，僅記崩於蒼梧之野，然亦如今日所傳，絕非歷史事實。娥皇、女英仰慕舜帝遠途而來，最終投身於洞庭湖，亦可視為純憑想像之傳說。而舜之死以美麗之洞庭湖為背景，卻死得其所。當時湖南為苗族聚居之地，而蒼梧又在如今道州附近，亦為苗族大本營，故舜狩獵並死於該處，從當時漢人與苗族之關係考慮，於學術上絕不可輕信。但無論如何，以此淒婉故事作為傳說仍給人以美好感覺。

著法衣，欲剃度

自岳州去位於洞庭湖西岸之常德，通常直線横渡湖面即可。然而洞庭湖湖大如海，一起風即有驚濤駭浪，險象環生，而且湖淺不便航行，故船家不欲横渡湖面，而欲中途轉入洞庭湖支流之一之蘆陵潭，之後溯流至常德。余原擬飽覽洞庭湖偉觀，然因船家拒絕横渡，不得已只能隨其意轉航，以致無法觀看。

據聞此線路附近河盜眾多，常以威脅通行船隻、搶奪裝載貨物與乘客財物為業。政府因此曾大舉掃蕩，屢加討伐，然因渠等巧扮漁夫，無法區分孰良孰盜，故每每難以下手，掃蕩往往無果而終。而此次余乘坐之船隻則倖免其難，平安到達常德。

常德地區自古即所謂「三苗」之地，直至堯舜時代與〈禹貢〉時代之初，苗族仍在此繁衍昌盛，如今成為洞庭湖畔重要港口城市之一。沅水流域固不必說，而出入貴州之貨物亦多經由常德轉運，由此形成與湘江流域之長沙、洞庭湖入口之岳州之水路聯繫通道，交通極為便捷，城市相當繁榮。然而亦有不利之處：湖南人排外心強，於中國頗孚盛名，其中尤以常德人為甚，但凡見到外國人即動輒施以危害。余對此素有所聞，故於漢口出發之際已做好一旦發生情況即做好防範之準備。經苦心思慮，余決定屆時扮作僧侶，剃度並著法衣，自忖如此裝扮，則河盜雖冥頑不化亦不致加害於我。籌措停當後船隻甫到常德，余即取出法衣，並拿出剃刀準備剃度，不料此時常德知府突然上船欲造訪余。知府待確認余來意後，即下令特別配備護勇，以作防衛。余聽後迅速拋棄法衣與在手之剃刀，深謝知府厚誼。自此余得以於光天化日之下，穿洋服昂首闊步從事調查活動。

第二章

至武陵縣

自從常德出發時，知府又下令為余配備炮艇，以護衛航路，並交代說此附近一帶暴徒最多，尤其日前英國傳教士被殺事件發生後，人心惶惶，故於此時以洋人身分獨自旅行甚為危險，未必不致遭受禍害。余婉拒其好意，擬辭退炮艇，然知府仍命艇長做好各種準備。最終余所乘之小船在炮艇之護衛下自常德出發。

炮艇配備艇長一人，水手十二三人。艇型為三國時代所既有，頗具戲劇色彩。艇首配備舊式大炮一門，艇舷遍插青龍大刀與軍旗。軍旗於風中翻飛起舞，威儀八方。船行中余無意間抬頭一望，發現艇首已插上一面白色大旗，上書幾個大字：「東京帝國大學堂教習」。據船夫說，如此一來河盜既不敢來，其他船隻亦不致爭道於前。事實果如其言。一路上豈但未見河盜，而且迎面駛來之船隻見此旗幟，皆一面急忙為余船讓道，避向一旁，以表敬意，一面竊竊私語：「大官來矣！」據聞過去外國傳教士通過此水道時，亦咸插寫有某國大傳教士字樣之旗幟。由此習俗可以想見，中國不愧為官尊民卑思想之開山鼻祖。幾日後余船到達桃源府。

武陵桃源之傳說及於該地之遊覽

桃源府乃此地中心，以石雕聞名遐邇，街道頗繁華。「桃源」一詞源於著名晉末隱士、詩人陶淵明所撰之〈桃花源記〉。該文主題之洞穴桃源洞，即位於此桃源府附近。〈桃花源記〉說武陵縣某漁夫為捕魚泛舟沅水，某日無意間來到上游，驚嚇間放眼四望，發現前方左岸桃花怒放。該漁夫雖不解風情，然亦陶醉於此美景，不覺間忘卻返家。再行舟向前，來到盛花處繫舟上岸，逍遙於繁花之間。此時渠見一農夫穿著怪異，耕作不輟，心想已來到一處不可思議之地。當其接近農夫時，農夫反身見到漁夫，亦驚駭於此人之未識，故匆然馳去，不久即喚來二三十名農夫。農夫團團圍住漁夫，七嘴八舌多方問詢：「秦世如今安在？禍亂是否止息？」漁夫答曰：「秦世早已滅亡，之後有漢存四百年，漢亦滅於三國之亂，於今為晉，了無兵亂，天下太平。」農人且驚且喜，相伴漁夫歸村，經終日問詢後始知世界之變遷，曰：「我先人為避秦亂逃於此。如汝所見，余等種植大量桃樹，可觀花賞心，取實甘口，伐枝為薪，生活自給自足，不圖他人之物，既無貪念，亦無盜賊，夜不閉戶，路不拾遺，有恩愛相加之父子，無威嚴交逼之君臣。」說話間且佐以酒餚，招待甚殷。待漁夫歸家時又送至繫舟岸邊，依依惜別。漁夫此時環視身後，如癡如夢，眼中景物宛若天堂，別有乾坤，一境豁然，阡陌縱橫，穀穗垂地，子實纍纍；人們和藹可親，猶如堯舜時代擊壤鼓腹之先民。返家後漁夫又思桃源，不日再行舟上游，卻發現洞穴橫於水路之前，不知桃源今在何處。

此係〈桃花源記〉梗概。據聞陶淵明慨歎晉末兵荒馬亂，倫常墜地，人類相食，乃作〈桃花源記〉，以此烏托邦慰藉無法排遣之鬱悶心情。不料後來成為傳說，被附會於各種事實，既有桃源洞，又有桃源村遺跡，儼然成為一個精彩之歷史事實，故余亦產生探訪該傳說仙境之想法。到桃源府後即繫舟於岸，與翻譯及護衛艇艇長、水手等一塊登岸。此時地方官員早已知悉余等來訪，命士兵在碼頭迎接。余決定讓士兵帶路引導。是日乃初秋天氣，田野山頭盛開桔梗、黃背草、女蘿等花朵，其景美不勝收，如遊故國。途中余沐浴溫柔日光，採花拾石，心如野鶴。村民驚訝於日人到訪，相伴左右，一同來到某村落。蓋此地有日人到訪，恐以余為嚆矢。

為作紀念，余擬將此處勝景與風俗攝入鏡頭，然竟無一人可供調遣。不得已只能到某農家，將相機調至速拍狀態後，特意讓隨行者探訪家人，或囑某人外出辦事，將渠等誘出屋外，如此才得以在不為人知之狀態下成功攝影。僅此一事，即可見渠等乃如何孤陋寡聞。

前行約十六里多到達桃源洞。其入口有大石碑，上刻「古桃源」三字。抬頭遙望前方，只見樹木繁茂，其間散布亭臺樓閣，或高或低，錯落有致，宛如一幅山水畫。再前行數百公尺，進山蹚溪過廟，待氣喘吁吁登上山崖時，又見崖頂有一山門，上懸匾額，其間大書「桃源洞」三字。進山門後有一大型道觀，觀中居有許多道士。長老嘉許余有心於旅途中順訪此地名勝，特饗以茶果。

之後余在某道士引導下參觀道觀與桃源洞。所謂桃源洞，僅不過是山上一個小洞穴，如今已為亂石掩埋，然據說正因如此，此洞始有桃源洞之名稱。道觀則為近世所建之仿古建築，望去有遠古遺風，與附近一帶之山明水秀相得益彰。此外工匠還臨崖築觀，繞以迴廊，植樹配石，於天然景色中略施人工，其橫生之妙趣無以言表。文人畫中常有如此景色：樓閣依山傍水，老人於樹蔭下看烏鷺相鬥，童子在一旁搧火煎茶。斯畫意似由此桃源洞一帶景色獲得靈感。時值秋天，無花，然桃樹略微可辨。自古以來訪問此地之文人墨客，或作文或賦詩，讚美此地勝景，並勒石於道觀左右，蔚為大觀。道旁有一亭，其壁上亦墨跡點點，寫滿詩文。中國不愧為詩文大國，一意任情風流。余亦東施效顰，不覺間寫下以上文字，以表今次訪問此地之無比歡娛心情。

回觀後又與道士相談甚歡，語句超凡脫世。待談興愈酣時日已西斜，故與此仙境告別。臨別時為留念，特拍攝一幀桃源洞全景照片。又見有「武陵桃源圖」石碑，故又向道士乞討一張用剩之窗紙，拓之帶回。此處道士與利慾薰心之現代中國人不同，質樸恬淡，卓立不群，蓋與仙境生活與略存太古遺風有關。

余乘船依依不捨離開此仙境。此時炮艇發炮三響。炮聲穿越沅水水面，迴蕩於桃源洞森林附近一帶，淒淒切切。

第三章

詣伏波將軍廟

沅水兩岸山峰林立，皆由赭色岩石構成。山上多綠樹，繁茂可人。此時太陽懸垂於山之一端，空中晚霞流火一片，霞光反射於此赭色岩石上，景色更為明麗。遠方山腰煙靄飄忽，恰似薄絹帳幔飛舞，妙不可言，宛如一幅活動之全景寫生畫。余則成為畫中之人，一路聽任輕風飽孕船帆，不久即到白石渡口。余決定在此夜宿。入夜後，時值舊曆十四之明月從東山款款而出，清朗之月光跌落沅水，打碎金波銀濤一片，景色亦可醉人。

炮艇此時照例又發炮三響，艇員則燒紙燃爆竹以祭神。余船亦鳴鑼燒紙、燃爆竹回應之。炮艇為軍艦，卻行儀如斯，使余作為異邦人有異樣之感覺。

翌日天未明即從白石出發，又溯沅水而上。途中與貴州方向駛來之數艘官船相遇。其中有二品大員之船隊，舳艫相繼，威風八面。船上亦豎立青龍大刀，翻飛數面大旗，鑼鼓喧囂，如同演戲，令人有在隅田川[1]看賞櫻船之感。到玉王谿後夜宿於此。玉王谿高出洞庭湖八十公尺，乃一寒村，僅有五、六戶人家，距白石約有三十五里。是夜為舊曆十五，月光清朗，微風止息，景色迷人。舟中雖無米粉、團子與香芋等余喜食之食物，然余卻得以站立船頭，眼望奇石老松與溶溶月光，耳聽乍起於幽暗谿間、頃刻又消失於清朗夜空之鐘聲，大可饗大自然之盛宴，品中秋皓月之清興。

翌日即新曆九月十七日，天未明，船隻再次進發。隨著船隻向前，兩岸人家景象亦漸漸為之一變，令人感到已離開中國國境。湖南一帶之房屋似皆以此附近獨具特色之房屋為範本而建造。

水於山腳下不知蜿蜒流轉幾回。船愈向前，山愈深邃，不覺間余已化為千山萬壑谷底谿上之訪客。

觀前望後皆山水，何地今宵泊客舟。[2]

1 隅田川，流經東京都市區東部後注入東京灣之河流。流域中多著名橋樑，東岸堤防為隅田堤（墨堤），自古以來即為賞櫻名勝之地，今有隅田公園。

2 原歌為：「前を望み後ろを見るも山と水　今宵何地に船やどるらん。」

余吟歌一首。船隻載沉載浮，繼續向前。水漸深，流漸急，遇岩石即如雪花四散，泡沫飛濺。艄公為避礁石，忽左忽右駕船，或一時停船於溪流之間。余眺望水中之山之倒影一夜未眠。此間水路艱險，行舟常觸礁石，故有人於礁石上建廟祭神，祈禱行船安全，或於礁石間嵌入鎖鏈，使人在行船時得以攀援而勉強通過。是日行程約二十里。

九月十七日，船帆飽孕勁風，沿山腳溯急流前行數里。途中見漁夫以竹簍捕魚，一如我荒川[3]等地漁民之所作所為。正午時分到達青浪灘。

青浪灘乃後漢時期「武陵蠻」[4]，即「五谿蠻」居住之地，亦為古戰場。光武帝即位二十四年時，伏波將軍馬援作為征夷大將軍討伐「武陵蠻」，一路上不畏山高水險，逾青浪灘，登壺頭山，布陣後欲揚旗鳴鼓攻擊「蠻夷」時糧道卻被斷絕，故而進退失據，飲恨歿於陣中。人們為祭祀馬援魂靈在此建廟，稱伏波廟。從船中仰望，隱約可見七、八百公尺處遠方山頭有一座廟宇。自此開始上游水流更急，益發危險，加之船行不便，故余決定棄船陸行，順訪伏波廟。此廟後部位於懸崖斷壁旁，於其前部可望險要之壺頭山。廟堂莊嚴肅穆，形顯尊貴神祕。廟內有將軍與夫人像，左右並列當時陣亡於壺

3 荒川，流經日本關東平原之河流，下游成隅田川注入東京灣，全長一百六十九公里。

4 「武陵蠻」，活動於武陵郡的少數民族。《三國志》記述武陵蠻夷造反作亂，被黃蓋使計平息。該活動區域在今湖南西部至貴州東界。

頭山之將士像。當地人咸稱將軍神靈能平定浪花，護佑舟行，對此崇敬非凡。廟前安置金鳥。據云該鳥為將軍使鳥，一度飛翔即可消除所有危難之事。我國船民信仰金比羅[5]佛化身，意義與其相同。然佛之化身之使鳥為白鳥，與此金鳥恰成對照，頗有趣。既往騷人墨客過此必詣此廟，作詩或著文讚美將軍，奉納之匾額數不勝數。後殿與壺頭山相對處掛有刻寫將軍傳記（《後漢書》傳記同此）之牌匾。余無意間於此古戰場憑弔古英雄，並讀其傳記，思之感慨良久。

辰州風俗

謁畢伏波將軍廟，余一邊俯瞰山下之青浪灘，一邊腳踏樵夫踩出之僅可容足之山間小道，磕磕碰碰前行約八里，經武廟背後到達某烤肉店。此店附近居民有數百戶，店後壺頭山重巒疊嶂，沅水流經山麓，風景絕好。余於店內喫完售與過往行商之湯煮白粿，正欲休息時，原先棄乘之船隻與炮艇一道溯青浪灘而來，故再度登船。回望伏波廟，廟似依依不捨。余取出相機，將此景象攝入，並吟歌一首：「再拜伏波神，平安護水

5 金比羅，佛法守護神之一，原為恆河鱷魚，被神格化後進入佛教傳說。蛇形，尾藏寶玉，作為藥師十二神將之一，相當於佛教傳說中的宮毘羅大將或金毘羅童子。

路。」[6]後又遙拜伏波。神似有感應，立馬轉為順風，使船得以揚帆疾駛。說時遲那時快，艄公此時照例又是鳴鑼燒紙。然而方過青浪灘，順風忽忽又轉逆風，船隻前行如同蠕蟲爬動。余驚訝於伏波神亦過於勢利，不得已只能雇縴夫曳船。船隻徐徐前行約數百公尺，風又轉順，故給縴夫大米以充工錢，使其歸去。按此地風俗，給付勞動報酬時不給金錢而給大米，且以碗量米，根據勞動強度而碗數有所不同。被遣返之縴夫中有人小聲嘟噥：米給少了。

途中見一男子站於礁石上，手持一根前端紮有袋子之長竹竿，使之伸於船上眾人面前，聲稱討錢，以奉納伏波將軍。袋上寫有「感化香水某某廟」等文字。船客全憑心意，將一文或二文錢投入袋中。此地海拔高於洞庭湖約九十公尺。是夜投宿岔子磯。[7]

九月十八日上午五時，因順風揚帆起航。途中見遇難船隻粉身碎骨橫臥河灘，船旁貨物狼藉。渾身濕漉漉之船夫集枯枝焚火，以茅草代被，正臥地休息。

兩岸星星點點可見許多小村落。因山勢陡峭，故房屋多建於山麓。來往於山野之婦人多身背余未見過之竹簍。沿途風俗漸變，婦人之腳多為天足，渠等跣足或穿鞋。鞋外觀皆製作誇張，值得關注。

---

6 原歌為：「われもまた伏波の神に手向せん船路安けく守り給へと。」

7 原文為片假名（Pentsunchi），何地名不詳，姑譯作「岔子磯」。

下午一時三十分至九谿。九谿如其名由九條谿組成，戶數在三百以上。此處江面開闊，約二里，流水沖擊露出水面之礁石，不時捲起漩渦，又以雷霆萬鈞之勢一瀉千里，奔騰不息。見此情景令人驚心動魄，有行舟艱難之感，故於此地又雇傭二十三名縴夫曳船，費五小時僅行走至距九谿鎮八里多處。夜宿於此。是夜涼風習習，可聞陸地蟲聲唧唧，可見江面漁火點點，頓感身在異鄉，秋意寂寥，就此入眠。

今日又見有人伸長竹竿乞討「香火錢」。縴夫乃此附近一帶居民，以拉縴為業，報酬仍為大米，每日所得相當於我國飯碗大小之七、八碗米。漁夫與我國長良川[8]養鸕鶿人極相似，夜間燃篝火，一人操縱十幾隻鸕鶿捕魚。

九月十九日，天陰風寒，行船至百棄灘。此地亦為船難多發地段。為祈求死者冥福，有人建七重塔。再向前，經過和尚州到辰州。此間又見兩座七重塔。塔之設置與自然地形非常般配，與山光水色相映成趣。自然美與人工美相得益彰，確為一幅生動圖畫。據此可謂中國人構思亦精巧。

辰州乃此前英國傳教士被殺之地。余一行甫至此地，知府即派官吏到船訪余，詢問來意。此時當地男女老少皆佇立岸邊，如看猴戲，一面竊竊私語，一面認真觀看，然其

8 長良川，流經日本岐阜縣中央部之河川，以養鸕鶿聞名於世，在三重縣桑名市以東注入伊勢灣，全長一百五十八公里。

面孔皆有驚異神情。此亦難怪，余自漢口出發之際，為防萬一特地攜帶漢裝與假髮辮。至此最為危險之辰州，余即迅速脫去洋服，換穿漢裝，戴漢帽，並讓假髮辮垂於帽後。依渠等想法，按說日人多穿洋服，散髮穿鞋，而眼前此日人卻與我等風俗幾無二致，故難免奇怪。話雖如此，然渠等對余換穿之衣裝竟毫不關注。余向官吏提出希望登岸到街區觀看，然官吏一聽即搖手制止，連說：「危險！危險！」還說：「不獨先生危險，萬一出事，本官亦會受到牽連，故請先生放棄參觀市區之想法。」此說詞表明，比起他人安全，官吏更注重自身安全。余未接受官吏意見，執意要去。官吏頗感棘手，說：「那麼就叫士兵保護先生吧。」余答曰：「不用，但為了不忤逆貴官指示，只好如此了。」說後即攜帶翻譯參觀市區。市民誤認為余係他省官員來此視察，紛紛跟在身後，或驚異於翻譯口中吐出之捲煙煙霧，或對余攜帶之洋傘感到不可思議。由此可見，西洋文明至今尚未波及此處。

由辰州向西風潭

九月二十日自辰州出發時，知府特意派遣三名護勇，以保護余旅途安全。余最為感謝者，乃此次旅行中中國各地方官員為余提供之各種便利與安全保護。幾天來降雨未見稍有停歇，今日雨勢更大，不得已靠岸停船，等待天晴。據云此地忌諱雨中行船。

原想今日將下一整天雨，不料過不久卻雲開日出，故命船夫快速解纜使船開出。之前經過之各處山巒皆以砂岩構成，且低矮如丘陵，而至辰州後地質為之一變，砂岩轉為洪積層。辰州如今已無苗人居住，而文獻記載過去有大批苗人存在。然據余親見或從地形上觀察判斷，渠等於不遠之過去仍生存於此。船行數十里，左岸可見一村落，稱Richiku。山腰處有一座三層樓房矗立，其下方分布許多農戶。於農戶燈火開始閃爍時，船拋錨於火它灣。該三層樓房乃木構，結構與日本之塔相似。

九月二十一日清晨五時自火它灣起錨北進。清晨天氣晴朗，而風吹仍覺寒冷，溫度計顯示華氏七十九度。九時五十分船暫停蘆谿入口後，余拍攝附近一帶地形照片數幀。自辰州跟隨而來之護勇，與此處登船之一名護勇換班後登岸，為余長途旅行之安全祈禱後方才離去。船再度解纜。余一路眺望村寨男孩腿跨牛背，邊悠閒地唱著山歌，邊信步穿行於寂靜林間，等等。黃昏時刻至茅家店，夜宿於此。

九月二十二日清晨四時五十分自茅家店出發，七時三十分至浦市。浦市約有人家千戶左右，處於沅水水路要衝，來往船隻碇泊不絕，商業繁榮可比州縣。兩岸楊柳低垂，絲條櫛水，帶茅草艙頂之小舟靜泊樹底，景致可人。

柳枝宿水影青碧，繫岸小舟野自横。[9]

余照例穿漢裝參觀市區，然竟無一人發覺余乃日人扮裝，頗覺好笑。九時二十分自浦市出發，行二里多至洞泉灘。此一帶河淺，沙洲處處可見，因行舟不便，船夫相互吆喝，戮力搖櫓。至辰谿縣後登岸參觀街道。街道石由石灰石鋪就，呈白色，兩旁建有五彩斑斕、富有中國特色之房屋。惟地面為白色，方襯出房屋之色彩，故於未見過此類情景之余之眼中，此色彩顯得格外醒目。再望對岸大酉山——奇異山峰如刀削斧砍，與途中多見之丘陵式山峰大異其趣，更增添余之興味。此仍與大酉山係石灰岩構成有關。誠哉斯理！因地質變化而各地風景與山嶽形態發生變化，由此眼界亦為之一變，景致亦變幻萬千。據余經驗，砂岩山多為童子山，如丘陵般平緩圓潤，而石灰岩山峰大抵呈鋸形，姿態雄奇，陡險如劈。我國畫家若到中國畫風景畫，則務必注意此類問題。結束參觀街道後夜宿此地。

九月二十三日清晨五時出發，有風，寒冷，溫度計顯示華氏七十二度。解纜前有當地七名護勇登船保護，另有一艘兵船待命。自常德護送至此之炮艇照例又發炮三響，之

9 原歌為：「楊柳は水に宿りて影碧し 岸につなげる船静かなり。」

後與當地兵船及余船前後相擁緩慢前行。至西風潭前，余不知幾度迎來村落，又送走農莊，飽覽屹立兩岸之石灰岩山峰奇觀：其間老松繁茂，翠色凝重，枝條或伸或屈，倩影映水；岩間處處又有紫薇等繁花盛開，有溯巴蜀小三峽之感。至西風潭後夜宿於此。因擔心入夜河盜來襲，故余船左擁炮艇，右靠兵船，夾於其間，以防萬一。

第四章

中國與楊柳

九月二十四日，濃霧籠罩山谷，陰冷潮濕，連鳥聲聽來也帶有濕氣。昨夜無河盜來襲，整晚平安。天亮後，余船照例於炮艇與兵船前後保護下向前進發。行數百公尺後濃霧從山腳處逐漸散去，漸次現出人家與樹林，最後山峰亦清晰可見。此時眩目清麗之朝陽正從山頂投下些許光線，兩岸宛如屏風站立之懸崖，與行走岸邊之路人等忽忽倒影水面，望去行人如潛行水中一般，又別有一種奇觀。九時至江口汎後，立即上岸參觀集鎮。集鎮高出水面五、六十尺，地勢呈桌臺狀，戶數約六、七百。居民裝扮習俗中引人注目者乃婦人髮型。此髮型與過去常見之中國婦女盤髮形式差異很大，多與日本「島田式髮髻」[1]相似。想來中國古代亦盤有此種髮型。現今於中國戲劇，如古裝戲中出現之婦女髮型即類於此。江口汎婦人保持古風令人感到非常珍奇，藉此亦可知曉此地地處偏遠，受中原文化影響不大，從而風氣亦質樸無華，多數人從事農商，或燒石灰石製石灰，或掘石灰石為石材。亦有漁夫，一如上述以鸕鶿捕魚。

參觀完畢返船後，立船頭回望方才所見之集鎮：未完全消散之霧靄仍籠罩在集鎮之一角，樓閣或掩隱其間，別有一番情趣。此情此景的確百看不厭。

下午一時到辰州灘。灘水淺，砂石摩擦船底，行舟不便。因而通過此處之船隻為減輕重量，通常將貨物卸於岸上，僅留置船客航行。而余船則與其相反，船客上岸、貨物留船後溯流而上。下午三時到小鸕鸞，夜宿於此。

九月二十五日。今日航路最為驚險，為過去所未見。露出水面之礁石愈來愈多，礁石與礁石間距離頗短，河水奔流其間成為急湍，遇礁石後即捲起巨大漩渦。因此操縱船隻最為困難，一旦運竿不當即觸礁石，船體勢必粉身碎骨。在此極其危險關頭，船夫一面祈禱天神，一面站立船頭，竭力運竿，或觸碰此處礁石，或避讓彼處懸崖。船隻幾度眼看觸礁，然最終得以全身而進，平安通過。至此余等方得以喘一口氣。

1 「島田式髮髻」，日本女子髮髻之一種，一說始於日本島田妓女所盤的髮型，一說始於歌舞伎演員島田萬吉等人的髮型。主要為未婚女子所盤。婚禮時習用，種類繁多。

此處地層相當複雜，之前由石灰石形成之兩岸山巒，至此則轉為洪積層土壤，不久又恢復為過去之砂岩山體，其狀況與辰州下游兩岸相似。不久余等到獅子岩。據說獅子岩因其岩石一角形似獅子而得名。從此繼續進發，途中水勢平穩，有漁夫以鵜鶘捕魚。其方法為：先在水中張網，以防魚群逃散，然後放鵜鶘捕魚，待預定時間一到，即將鵜鶘與網一道拖入船中。此做法相當巧妙。此處又多見白鷺，或浮於水面，或翱翔天空，時而棲息於石灰岩上，時而停泊於白色屋頂，如此等等。由此可證生物學之保護色理論所言不虛，亦覺有趣。

繼而到洞灣汛。兩岸懸崖至此最為陡峭，其中有懸崖高度超過一千多公尺。山體皆由砂岩構成，大抵為蒼鬱老松所覆蓋，其斑駁稀疏處，星星點點可見一些人家。山民園中多種梨樹，屋後有繁茂修竹，也有柳枝隨風飄舞，婀娜多姿。其景其趣幽邃閒寂，所謂仙境即此地也！其鳥聲亦不似人間鳥聲。余不知疲倦，眺望此處風景，然而平添出一種不解之惑：如此深山幽谷，楊柳何以生存？於中國，楊柳幾為家園附屬之物，人曰有家必有楊柳，有楊柳處必有人家，此絕非虛誇。楊柳尤以長江流域最為常見，從地勢上說固然如此。楊柳適於水鄉生長，於所謂水鄉澤國之長江流域，人們不經意隨手一丟之柳枝亦會自然成活，成林一片，掩隱村落，或叢生密集，遮蔽河岸，自有一種優美情趣。誕生於中國江南之南宗畫，多畫楊柳間掩隱之人家，乃拜實際景致所賜，未必出自刻意增添優美情趣所為。日本南宗畫畫家無意間模仿中國江南畫家，畫日本風景亦必描繪掩隱於楊柳間之樓閣，並由此成癖，毋寧可謂滑稽。楊柳本為水鄉之木，故自然不會出現於山嶽地帶。余溯沅水以來已十日有餘，一日復一日，山行復山行，仔細觀察後，果然發現此一帶屬家園必有之物之楊柳日漸減少，由此對彼印象深刻。既如是，則在此附近一帶之深山幽谷必然不可見到楊柳。然而此處人家依然柳枝飄搖，遮蔽房簷。余轉念一想，興許此楊柳非自然生長之物，而係他處移植而來。中國人喜愛楊柳之觀念，經涵養幾近先天稟賦，其深切程度已與渠等生活不可分離。即令於此深山幽谷亦孜孜不倦，能移植之即移植。余思之不覺好笑，又不由得產生一種不可思議之感覺。

不久船到新路河。此處有渡口，某載客船隻甫靠岸時，余即取出相機欲將此情景拍攝下來。不巧此時有一婦人站立岸邊欲迎接船上丈夫，當渠發覺余之所欲何為，即如發瘋似地對丈夫大聲呼喚：「注意那個東西！」擺渡船夫亦發現余手持相機對準渠，一邊大聲叫喚：「幹什麼!?」一邊左右晃動船隻，妨礙余拍攝。

於關帝廟看戲

繫舟於新路河集鎮河岸後，上岸參觀街區。是日恰逢關帝廟祭日，廟內正上演戲劇。如同日本在祭日必在神殿前舞臺上吹吹打打一般，中國祭神時總會上演戲劇。戲劇分古裝戲與現代戲，而反映英雄威武、勇敢精神之《三國演義》等題材之古裝劇尤受歡迎。是日上演之戲劇仍是《三國演義》。余觀看時，張飛正伴隨樂臺鑼鼓、胡琴等音樂，表現出非凡之英勇：渠不顧舞臺狹小，四處飛轉。舞臺面臨關帝廟，廟內放置數十張椅子，供官員與鄉紳享用。觀眾看到戲劇精彩處時皆拍手歡呼，為演員之功夫喝彩。當余身穿漢裝，率炮艇艇長、翻譯及護勇進入劇場時，渠等視線刷地從舞臺轉移至余身上，並不約而同地向余施禮。恐渠等誤認為余乃新任命之官員，於前往雲南或貴州途中順道訪問此處。余不勝困惑，而廟主則招呼余等一行落座，饗以茶果，款待惟恐不周。繼而又對臺上點頭示意交代一番。此前於舞臺上翻飛狂舞之張飛，不知何故停止表演，退往樂臺，然而不久又迅速現身舞臺，換裝奇特，如同日本歌舞伎開場前出演之起興節目演員一般，著冠，抱笏，束帶，穿長靴，一面頓足打拍子，一面搖頭擺手，最終邊翻飛水袖，邊翩翩起舞。據說此為「天官」舞蹈節目，每當新官員上任，為賀其升遷必表演此節目。而新官員對此亦投桃報李，以紅紙包若干銀兩扔向舞臺。不得已余只能打腫臉充胖子，將中國官員之戲分繼續扮演下去，因此亦給予一定之規之銀兩，之後倉皇出逃，思之自覺可笑至極。

回船一看，於護衛炮艇之外，又停有一艘兵船。船長遞過名片後說希望一談，邀余移步至其船上，並饗以茶果。二人談起四方山等，不覺黃昏已至，之後告別。

第五章

行舟益發困難

九月二十六日，炮艇照例又發炮三響，轟然有聲，迴響於四周山谷。於響聲中余船徐徐進發。此時山愈深，水愈急，棹力已不堪敷用，故余雇傭三十名縴夫拉船。溯流不及數百公尺即達土鶩灘。此處谿流上架有石橋，其景致於日本不可見到。再向前到黃獅滾洞。兩岸崖壁屬第三紀地層，甚陡峭，河中礁石密布。奔騰急流與礁石相互抗爭，波濤怒吼，漩渦逆轉，令人膽戰心驚。蓋此灘為沅水間各險灘中最為險惡之河灘，船夫因此亦最為恐懼。此處亦有白髮老人站在礁石上，伸出長竹竿，吊著寫有「龍王廟」之口袋，向過往船隻乞討施捨。船夫見此，咸將數文錢投入口袋，以祈禱神靈保佑平安通過。好不容易溯流通過此灘，兩岸地勢為之一變。河流彎彎曲曲，丘陵交錯雜陳，水勢略顯平緩。因此河川中央還生出一大沙洲，且暗礁繁多，河床沙石由於水流變化，始終變動不定。實可謂高山為壑，深谷成灘。航路如此不定，以致當地人亦難以對此簡單做出判斷，何況外來者偶然行舟至此，其危險程度更不同一般，猶如暗夜摸索行路。據說處理不當船隻擱淺或礁觸並非罕事，故此附近一帶之年輕人多以引水或拉縴為業，眼下一見余船駛來，即操縱小舟上前，頻頻要求充當嚮導。然因渠等開價過高，故余船夫不斷與之討價還價：「不能讓了！」「再讓一點！」……如此議價循環往復，沒完沒了。余不堪忍受，於雙方爭執之基礎上又加一百文錢，如此渠等方肯接受。是以余船有眾多縴夫拉縴，又多出一人站立船頭充任引水員，船旁再有兩三人用力操槳，眾人或頂岩石，或探暗礁，不敢有絲毫懈怠。即令如此，砂石或某物仍在摩擦船底，發出恐怖聲響；船隻依舊時時被捲入漩渦，不停旋轉。船夫等人面色發青，躬肩縮背，除向神靈祈禱之外手足無措。然而幸有天助，船隻最終得以平安通過此灘，並於下午六時二十分到達距王家河五里路之某村落。投錨後夜宿於此。

九月二十七日，陰天，自王家河附近村落出發不久，即抵達安江司。途中有七重塔矗立兩岸砂岩山上，隔江相望時頗覺珍奇。岸邊繫有鵜鶘船，或為昨夜多有斬獲，某漁夫正歡快地於水中為鵜鶘洗澡。

因時間關係，余未登岸去安江司。到砂灣時已過正午接近黃昏。此一帶地層亦為赤砂岩，有許多分化而成之紅壤。此地雖處南國，然因有深山幽谷，九月末已屬晚秋，不免肌寒膚冷。岸上樹木經霜，紅葉盡染，田中稻穀已收，水分乾涸，田雞鳴叫聲陣陣，哀怨可憫。余頭靠船窗客枕[1]，胸中滿是淒涼旅情。

九月二十八日。今日天未明即出發，經牛屁股岩、玉河、三姣等地到達灘頭。此處有稅卡，往返貴州之商船須在此接受官吏檢查，並按規定繳納稅金。因中國係注重繁文縟節之老鼻祖，故該通關手續相當繁雜，辦事久拖不決。而且官吏尤為惡劣，一旦言語不周，開罪於渠，則終日棄汝不管，有時不得已要於此虛度整日，故商船視官吏為瘟神。余船於漢口亦裝入少量商品，故亦須在此接受檢查。余船夫頗聰慧，此時急中生智，迅速於船頭豎起前述印有「大日本帝國大學堂教習」文字之大旗。大旗於風中翻飛入港，官吏見之，先表敬意，而後草草檢查貨物後即讓船隻通過。彼大旗已然成為渠等驅除瘟神之良藥，實可謂物盡其用。余見之心中暗自發笑。

余預定今日夜宿洪江司，然船隻行進緩慢，按此速度，根本無法於天黑前到達彼處，故與翻譯商量後，決定一行在此上岸，徒步前往。炮艇艇長及護勇們亦從此議。余照例穿漢裝，戴假髮，搖晃著髮辮翻山越嶺，遇到乾燥稻田則沿著被刀割整齊之稻株穿行。此附近一帶似乎盛產石材，廟宇殿堂悉以石塊建造，且四處可見星星點點、不可勝

1 此句作者化用了陸游的「客枕依然半夜鐘」詩句。

數之石碑。而民居則為木構杆欄式高腳建築，四壁木窗等皆不塗漆，於通常施以絢爛色彩之中國民居中尤為引人注目，可謂罕見。居民生活水平似乎極低，多以編竹纜為生。該竹纜用於拉船。其編製方法是：將竹子剖細後拿到高臺上，在該處一面編織，一面使其垂懸於下方。

一路上看熱鬧之民眾甚夥。保衛余之護勇不斷撥開民眾，引導余至渡口。渡口在洪江司對岸，穿過江面即可達洪江司街區。渡船有七、八名乘客，似皆視余為到此巡查之中國官員，故無任何怪異神情。余與翻譯對話皆使用日語，然渠等絲毫未察覺余等使用日語。

湖南凶暴民俗

渡船到彼岸。此處屬洪江司管轄。洪江司非州縣，然其街區之大、戶數之多卻遠在州縣之上，商業尤其發達，於州縣間亦屬罕見。往來湖南與貴州之間之貨物皆在此聚集，之後再運往各地，可謂湖南、貴州間物資集散中央市場。因而商船旅客來往頻繁，街區終日繁榮興旺。作為當地趣事之一，乃掌握商業命脈、擁有店面者，並非當地居民，而多為外省人。無賴地痞亦多由外地流入，時常惹是生非，施暴逞強。據稱於湖南一省，洪江司最為令人側目。又聽聞去年秉夜襲擊並放火燒毀靠岸外國傳教士船隻即此類暴徒所為。

余上岸後，於炮艇艇長及護勇之警衛下拜訪洪江司官廳。余先被迎進大門，後又被引進客廳，與該司黃獻珍氏會面，並稟明來意。黃氏大肆操辦，犒勞余等，曰：「來此地之日人，恐以君（指余。——原注）為嚆失。稀客稀客！今夜擬邀洪江司鄉紳、紳商，共敘公私情誼，而當下正在準備之中。請君屈尊同席，若有可供參考之高見，亦請不吝賜教。」談話大體如此。余深謝其厚誼，之後又向司衙門借出地理志書與地圖等書籍，從中一一抄錄重要事項。是日乃近期最為暖和之一日，余大腦奇癢難耐，原來蓋住假髮之帽子至今仍在頭上。溫暖如此，難以忍耐，故於四顧無人後，余悄然將帽子取下，拭去額頭積汗。又因多日未理髮，頭髮已多長出二三分，實為噁心，故下定決心，偷偷向黃司長招手，邊撓頭邊告知所戴假髮之情狀，並委託聯繫理髮店。司長大驚，呆然片刻後說：「始終以為君乃真髮，不料卻是假髮。不過倒很般配。」看來司長一直認為日人與漢人一樣也蓄長髮。因余不斷催促，司長難以推辭，不久即叫來理髮師將余腦袋剃得光溜清爽。之後余復戴帽，腦後長拖假髮辮如前，活脫脫一個中國人。

其間有人傳話，說客人已到齊，準備亦停當，故眾人一同前往餐廳。承司長介紹後，余亦同席而坐，相互間披瀝胸襟，一澆塊壘，不覺時移。宴散告別時，司長力說回船危險，懇請余留宿官廳。余以有炮艇兵船守護為由，堅辭不就。道別後，司長除派遣官吏護勇跟隨外，還親送至船邊。居民見余身影，奔走相告：日人來此矣！並左右前後密集跟隨，不時遮擋余之進路。同時又豔羡翻譯所穿之上海服裝，或拽衣襟仔細觀察，或……。余與護勇左推右擋，好不容易方得以返船。

返船後，岸上仍人山人海，居民手指余船，不知相互間交談何事。日暮後人群陸續散去，不覺間已悉數返家，河岸歸於寂靜無聲。夜幕降臨，人家燈火遠近閃爍。此時有一男子突然造訪余船。通過翻譯後得知，此人名潘紹朱，生於湖南長沙，當洪江司設郵電局時，作為新任局長來到此地。渠且泣且訴：「余甫到任即為暴民襲擊，近於一命嗚呼。彼時暴民認定余係外國間諜，余以局長身分極力辯護，然未被認可。渠等群毆於余，又翻檢行李，撕裂衣服，掠奪金器後揚長而去。要而言之，此地民風最為惡劣。一旦聽聞汝係洋人，必施以暴行，故先生務請小心。」翻譯亦感潘紹朱氏之好意，致謝後與之話別。潘局長乃湖南人，卻在湖南遭受傷害，故渠等對外省人之敵意不難推想。至於對緣慳一面之洋人，施以更為殘忍之暴行則更不足為奇。此地如此兇狂，故炮艇時時發炮以作警告，同時又護衛余船寸步不離。因本司有命，此後又有數十名兵卒站立岸邊，或吹嗩吶，或擊鼓鳴鑼，以威嚇暴民。居民亦一邊大聲呼喊：「洋人來矣！」一邊鳴鑼放炮以作呼應。其聲淒切，飄過沅水水面後迴響於遠方森林。如此騷然不安，令人聯想起三國時代短兵相接時之場景亦不過如此。

情況如此惡劣，故余在與黃司長聯繫明日登岸徒步前往貴州如何雇傭挑夫時，黃司長懇切勸戒：「無謀不過如此！」又說：「即令雇傭挑夫，亦難以揣測渠等於途中將出演何種暴行。本司負有責任，此事斷然不可接受。」余因此決定繼續乘船去黔州，明日一早即出發。黃司長強留再待一日，余無言以對，只能多滯留一日。

黃獻珍氏宴會

九月二十九日，朝陽明麗，天氣晴朗。上午八時，黃獻珍氏踐約訪余船。余與之短暫交談後出外參觀街區。途中有十幾名兵卒列隊行走在旁，戰戰兢兢為余擔任警衛。據說因前日日人到此，居民驚訝不已，終夜印象深刻，故余參觀時道路兩旁人潮如堵，其中有人欲做出惡意舉動。然而無論如何，參觀仍以平安結束告終。至黃氏官廳用完早餐後，借官廳一室繼續抄錄承借之書籍。

下午一時許，當地鄉紳、紳商應黃氏邀請，陸續聚集官廳。三時正，一同進入餐廳。經黃氏介紹後，余向眾人致詞，之後落座於上座。不久菜餚上席。主人之準備實可謂周到：先拿出一把筷子，將其一一置於客人面前。豬、雞、蓮子湯、蘆根湯等菜餚各放在一個小盅裡，一盅一盅端上。主人先舉箸，坐上座者從之，之後其余在座者一同舉箸。吃完一盅，又上一盅。此時主人舉杯飲酒，列座者仿效亦舉杯飲酒。菜餚不斷端出，數量達十幾道。余不勝其飽，且素不飲酒，每每遇到如同舉行某種儀式、眾人舉杯必喝之場合，皆感十分為難。所幸萬事機靈之翻譯坐於身旁，屢屢為余代酒。席間列座賓客向余提出各種問題，其最多者乃日本服裝如何？是否如現在穿著之漢裝？語言是否與中國相同？黃氏回答：日本漢字與今日中國相同，並不雜亂，而且學術、軍事皆完備發達，尤為皇室萬世一系，受到列國一致仰慕。之後話題轉至日本歷史，余就此談其概略，且就國粹問題開講一番。因太熱，余感覺顏面發燒，極想脫去帽子，然於賓客面前又無法辦到，為此感到左右為難。黃氏此時已有察覺，且深知前日余亦為之所困，似有憐憫之意，故勸道：「請勿客氣，將帽脫去。」余受其鼓舞，答曰：「那就不客氣了。」脫帽露出圓溜溜之光頭後，舉座為之驚訝，先是酒醒，不久愕然呆視，經黃氏說明後始悟出原委，最後舉座轟然大笑，趣味平添。僕人與室外警衛亦悄悄以指戳破窗紙，偷窺余之光頭，因竊笑而失去應有之站姿。

已近黃昏，黃氏又誠懇勸說今夜留宿於此。余亦堅辭，於兵卒護送下返回船上。途中圍觀者復又人山人海，其中有暴民高呼「東洋鬼子來了！殺死他！打死他！」黃氏立即命令兵卒逮捕三、四名彪形大漢，其餘地痞無賴因此不敢出手，余方得以平安返船。炮艇與兵船今夜嚴加警戒，一名護勇站立炮艇艇首，懷抱一枝火槍，不斷打火，嚴密監視岸上圍觀者之一舉一動。警戒水平如此之高，令余難以理解。

第六章

由洪江司向連州

九月三十日，因有黃氏忠告，余不得已放棄陸地行走計劃，決定繼續乘船去黔州。然出發時又有麻煩，據說原先航行沅水之船隻，於往返湖南、貴州間至少有三、四處碼頭可停靠，以利船夫恢復體力，可如今僅有洪江司一處可以停船，因此船隻須在此休整三、四日。余此次旅行有時間限制，況且至今所走之里程數亦落後於原計劃，已浪費較多時日，而眼下還須在此無所事事逗留三、四天，於情理上說不過去。因此余努力說服船老大，要求今日務必出發。再者，因上游水勢日益湍急，河灘亦淺，恐須多人拉縴，故約定所需工錢由余支付，每名縴夫各給四十文錢。另外，還須額外支付一定津貼作為買酒錢。開始渠等相當頑固，不肯答應，而最終還是應承下來。

出發時炮艇照例發炮三響，與兵船前後相擁，護衛余船。黃司長還特派四名兵卒沿岸行走，一邊與船隻速度保持一致，一邊搜尋附近一帶情況。兵卒或手持青龍大刀，或肩扛中式刀槍，軍服背後大書「弓兵」二字。「弓兵」原為古代戰鬥時操弓手之名稱，與現在炮兵、步兵等稱號意義相同。而此「弓兵」於迄今所經之地均未見到，來洪江司後始見之，實屬意外。由此觀之，可以窺知此地乃如何遠離文明，至今仍墨守古代遺風。

船隻漸漸駛離洪江司。余回眸可見岸邊丘陵下方散布著眾多其他省份所建之公館。彼乃他省商人用於集會或住宿之建築，結構美輪美奐，於當地建築中所罕見。且該建築皆依山傍水，與水光山色相映成趣，景致更美。此時擔任陸上警戒之兵卒，似乎到此附近已超出其警戒區域，一同返身歸去，不久即消失得無影無蹤。

再向前可見兩岸奇岩怪石林立，其間處處雜有平坦土地，星星點點散落著些許人家。然彼房屋結構極其簡陋，屋頂隨便以樹皮鋪葺，柱子直接埋入土中，牆壁以捆紮之茅草或樹枝圍合而成。余頓時想起，去年旅行四國[1]山區時所見之阿波郡那賀川[2]上游景象，與此一帶極其相似，房屋四周多種竹。據說阿波一帶之竹子亦用於製作拖船纜

1 四國，日本古代行政建制「南海道」中，除「紀伊、淡路」以外的「阿波、讚岐、伊予、土佐」四郡的總稱。現為德島、香川、愛媛、高知四縣總稱。

2 那賀川，流經日本德島縣東南部的河流，發源於劍山，注入紀伊水道，全長一百二十五公里。

繩，與前述中國鄉民之做法相同。此一帶水流湍急，雇十名左右縴夫，拖船仍行走緩慢。下午二時好不容易到達連州。

連州岸上有楊公廟、觀音廟、關帝廟三廟。三廟入口分別掛著寫有「一方雄鎮」、「慈悲」、「忠義」之匾額。楊公廟前亦有老人伸著長竹竿，掛著布口袋乞討。船夫爽快地投入若干銅板，以此向神靈祈禱。

自連州再向前行駛後到達狗腦岩，此時日已西沉。船夫繫船於岸邊後停泊。是日航程僅四十里左右，可知行船如何困難。

到達黔陽

十月一日天氣晴朗，余等披星戴月出發，行船則比昨日更為艱難。拉縴者、划船者皆奮力拚搏，而船速仍舊很慢。於船上可供消遣者僅兩岸之新奇景象，然而時至今日余已見新不新，心中之鬱悶無聊難以比況。前行中發現一艘遇難船，繼而又見有人於岸邊修補遇難船隻，其慘狀令人毛骨悚然。因為並非他人之事，想來自己亦身處危險之中。船夫照例燒紙鳴鑼，以祈求神佑。

兩岸山頭四處散落著一兩間民房，其結構如連州一帶房屋，極其簡陋，卻有我國山地人家之意趣。令人倍感珍奇者乃屋頂皆有「千木」[3]。其樣式與我國古代建築「千木」極其相似。繼而進入嘪水灘，河面約二百公尺寬，其間既有沙洲，亦有礁石，可供船隻通行之水路僅數公尺寬。因此若與上游疾駛而下之船隻相遇，如不迅速迴避，則或發生衝撞，或狼狽觸礁，非常危險。余船眼下即處於此一險要水路之上。無意間一看，余發現上游有十幾隻木排正前後相接，如箭矢一般向余船衝來。值此千鈞一髮關頭，余船夫急速撐竿，將船隻駛向附近礁石，好不容易方得以迴避。等待木排通過期間，余並非饒有興味，而是戰戰兢兢地觀看排工如何通過此險灘。渠等的確熟練無比，隨心所欲操縱竹竿，眼看即將碰到礁石或沙洲時皆能急速避開，之後又驀地順流滾滾而下。余驚歎其功夫，亦認識其危險，目擊此類比在我國富士川[4]順流而下更危險之動作時，不禁為渠等捏一把汗，渾身起雞皮疙瘩。由於十幾隻木排通過要花費相當時間，故余利用等待工夫，為觀察土著之風俗習慣等登岸參觀，或拍攝風景。返船時聽說木排早已通過，船夫正焦急等待余之歸船。此時船隻迅速離開礁石，於縴夫拉拽下，從此險灘溯流而上。途中見到採集沙金後以河水漂洗之人們。

3 「千木」，神社建築屋頂正脊兩端升出並交叉的兩根X字形長木。

4 富士川，貫穿山梨、靜岡兩縣中央地帶後注入駿河灣的河流，與最上川、球磨川一道，共為日本三大急流之一，長度為一百二十八公里。

又前行一段路後，水勢逐漸變緩，兩岸山峰亦顯低矮，道路蜿蜒於兩岸岸邊，甚至處處可見簡易茶館。再眺望前方上游地區，遙遠之岸邊隱約可見七重塔之身影，無須詢問即可想像此地距黔陽已不遙遠。由於水流平緩，船隻前進速度加快，不長時間即到黔陽，延續十幾日之沅水溯航至此終告結束。炮艇照例又鳴放三發禮炮，之後有士兵向當地官衙稟報余之到訪。不久有官吏到前詢問余之來意，而此不過是例行公事。

黔陽市區於河流右岸丘陵上方，地質為洪積層。余登岸後拍攝市民風俗照等。此間市民已知日人到訪，與在洪江司一樣，陸續有人跟隨圍觀。此處留下日人之足印似以余為嚆失。

余擬棄船陸行直接進入貴州，故與當地官吏商量雇傭民工一事。此時渠等與洪江司一樣，力說陸路旅行危險。而余意已決，不聽忠告，渠等則費盡口舌，試圖阻止，然終因余意志堅定，故渠等只好讓步，為余組織民工，包裝行李，照拂無所不至。

自黔陽至明日預定住宿地約有一百二十里，皆山路。雖說一日行路一百二十里有困難，然余為情勢所迫，決心務必完成。而此時翻譯頗為躊躇，說：「這很困難。特別是我腿腳不好，無法跟隨閣下徒步行走。」余無計可施，既然說不能走，故只好為渠做一頂轎子，雇三名民工抬去。準備工作至此全部辦妥，余面對自常德一路同行之炮艇艇長、水手及兵船之士卒，為其付出長途勞頓表示感謝，並給各位買酒錢若干，略表心意後就此告別。渠等亦似依依難捨，為余旅途祈禱平安，令人極其感動。此前中途搭余便船之楊氏及其隨從，聽說余欲就此陸行，便提出自己亦想一同前往，余一口答應。楊氏乃雲南某知縣候補，現正在赴任途中。

第七章

陸行向貴州

十月二日，雞鳴首聲後余即起床，待出發工作準備停當後，聽到炮艇發炮三響，為余一路平安祝禱。炮聲於黎明前夜空轟然作響，驚起尚在水邊睡臥之水鳥。

就此離開多日為家且念想頗多之船隻，踏上陸地之征程。翻譯坐在晃動之轎子上，比余先行一至二步，頗為悠然自得。此時東方開始發白，如有人剝開薄紙一般，黑暗漸漸轉為明亮。仰望空中，尚有明星閃爍在天際，數羽鴿子振翅出響由西向東飛去。於此不聞人語之秋曉山中，於此天地沉寂之間，余頗有回歸洪荒之感覺。

天已大亮，朝日升離東山。越過一處渡口，經過一個小村落，道路已伸向山裡。黔陽官衙預定派遣數名士兵以作護衛，然余出發時間太早，渠等追趕不及，事後才急忙趕到。進入山道後有一名男子於挑夫附近行走，或前或後，行為怪異。聽聞此地附近土匪極多，余心中略感不安，或許此人就是土匪之一，來此威脅余等。然不久即探明此人亦為衛兵，因擔心趕不上余等出發時間，此時正一邊擦拭惺忪睡眼，一邊急忙追趕。知道後余頗覺安心，又覺好笑。

常說：「結伴好旅行。」此時萬事通之翻譯正從轎中伸出脖子，大談奇聞趣事。而楊氏口才亦甚好，談起故事趣味盎然，似欲以此安慰余。余於故事中忘卻足部疲乏，不覺間到達山頂。

山頂有磚構牌樓，其上方懸掛匾額，寫有「滇黔孔道」四個大字。滇為雲南，黔即貴州，孔道即街道之意，故此處可視為通往雲南、貴州之道路。穿過牌樓即下坡山道。

七時三十分左右到達甘溪坪。此地戶數不滿三百，因是驛站，飯館頗多，往來旅客在此落腳時可以順便用餐。眼下就有一位棉線商人，穿白衣，打綁腿，正坐在板凳上吃東西。過甘溪坪後，山路漸變為上坡道，左右兩側開滿荻花、野菊花等。余一路觀賞秋天景致，之後到達廟砂坪。途中於某山頂看見一處燒石灰之窯舍。

自甘溪坪動身經甸登坡，於中午十二時到達羅薄甸。此處亦為驛站，旅店、飯館、茶館、燉品屋等鱗次櫛比，各店皆掛出長二尺五寸、寬七、八寸之招牌，大都寫有「官商客棧」字樣，其下方或寫「龔裕發」、「泰永興」、「楊福泰」等商號，或寫對聯「出入鳳凰池上客，往來龍虎榜中人」等，十分誇張。有兩三名女子到店外，見旅客即異口同聲招呼：「好菜剛出鍋，吃飯吧！」其拉客情景令余聯想起過去東海道[1]等驛站亦有同樣景象，頗覺有趣。時值午飯時間，余亦走進某飯館。飯廳未鋪地板，僅擺放數張飯桌，桌上亦僅有小碟、筷子等，頗為簡陋。鄰間即廚房，傳來刺鼻之異味，令人無法久坐，然不得已余只好忍耐用餐。其總體狀況與我國小吃店相仿。

自羅薄甸向沅州城

於羅薄甸用餐完畢，行走二十里地左右到關公界。關公界海拔高出洞庭湖約三百五十公尺。一行於某廟下方一間茶館小憩後，復又沿山腰新開闢之道路前行。路旁針葉樹蓊鬱繁茂。從高處透過樹梢往前看，山腰白雲繚繞，如鋪張幔帳，其景色之美，如見美人。余百看不厭，邊以此慰藉旅情，邊走下山岡。途中翻譯遙指遠處隱約可見之高塔，告余彼處即沅水府。不久經過一兩個村落後到桃樹浦。此一帶桃樹頗多，令人想見花期之美景。此時有十幾名身背青龍刀之兵卒在此迎候，說我等奉沅水知府之命，在此恭候閣下。余鄭重道謝，於兵卒引導下繼續前行。行走時余仔細觀察士兵裝扮：軍服皆赤色，胸口印有所屬部隊之某營名稱，戴麥稭帽，打綁腿穿鞋，背負沉重之青龍刀。此裝

[1] 東海道，日本江戶時代五個通衢大道之一，指從江戶通往京都的沿海岸行走的道路，有五十三個驛站。

扮很難與作為國家長城之軍人形象相符。

不久來到一河畔，此處位於沅水河上游。沅水城臨河而建，氣宇軒昂，矗立眼前。城牆以磚築造，城上有高聳雲天之美麗城樓。又有七重塔矗立城內一隅。沅水流過城前，河面有石造雙拱橋，橋之前後商家鱗次櫛比，形成一個通道。余等通過此處時市民圍觀，高喊：「日本人！日本人！」或有人包圍楊氏，或有人對余指指點點，似在談論。然余與楊氏皆穿漢服且辮髮，渠等無法分辨孰為日人，故無禮地抓住兵卒，詢問孰為日人。兵卒笑而不答，故渠等困惑起來，認為此間並無日人。此時正好看見翻譯坐在轎內，由三名轎夫抬著，追趕余等，故之前圍觀之渠等一起跑到轎旁，大呼：「這才是日本人！」頃刻間轎子四周人山人海，圍觀者甚至壓住轎子抬槓，使其停止不動，並掀開簾子偷窺。翻譯無法忍受，大喝一聲：「休得無禮！」之後安靜地從轎內走出：「我非日本人。真日本人已經走過去了。」渠等見情況如此，一邊嘟噥道：「都什麼事呀！」一邊作鳥獸散。

此間余已拜訪過衙門。與知府湯似瑄寒暄後，余被引入某房間，享用茶點水果，之後開始調查。湯氏係貴州安順府人，彼地亦多苗人，故余入夜後與湯氏交談，所得苗族知識甚多。湯氏亦詢問日本風俗等，然見余著漢裝，當時態度有些異樣，說：「聽聞日本人散髮，著洋裝，而汝卻穿本國服裝，豈不怪哉!?」余脫帽並卸去假髮，將事情原委詳細說出後氏始明白，最終拍手哈哈大笑。是日行程約九十里，身疲力乏。余橫臥床上翻檢書籍至深夜，不知何時睡去，待被犬聲吵醒，日已三竿。

夜宿便水

十月三日，湯知府送余出衙門後，余在兵卒護衛下，撥開圍觀之民眾離開沅水府，越過綿延丘陵，行五里地到五里碑。此地戶數約二百許，飯館頗多。上午十一時左右到消路口。消路口海拔高出洞庭湖二百五十五公尺。早飯時余吃米飯，佐以豬肉、雞蛋與豆腐混煮之菜餚。米飯一碗五釐錢。

此一帶山峰稍陡峭，山麓有水田。此情景及四周景物、地勢等與余故鄉德島縣[2]八萬頗相似。之後於冷水鋪吃餛飩，喝茶時又試吃葵花子，小憩之後，經關口界走到大關。途中一路翻山越溪，眼見四處秋草繁花，其色黃紅紫白，五彩繽紛，如錦似繡，美不勝收。尤其是三葉楓初染風霜後始稍著色，別有一番情趣，與秋草相互映襯，更平添溪澗與青山之詩趣。順著蜿蜒曲折之道路來到山嶺一端，只見一線碧流，淙淙作響。此即沅水上游，奔騰之水流擊打岩石，如雪花四濺，頗為壯觀，觀之頭暈目眩。沿河行走

[2] 德島縣，日本四國地區東部一縣，古為阿波國，明治四年廢藩置縣，曰德島縣，同年改稱名東縣，明治九年編入高知縣，明治十三年分出，又成德島縣。如今縣域已定，縣廳所在地為德島市。

四里左右見到一座七重塔。人稱此處為回龍閣。不久到便水驛。途中有關帝廟。廟四周散布著零零落落之農家，房屋四周皆種桃樹。此地過去有回龍閣遺跡，如今於茫茫秋草中四處可見礎石。以此推測，過去此處有宏大建築，然因荒廢有年，如今已杳然不可見，僅空留礎石，可思幽古之情。便水驛無官衙，故余投宿行臺。行臺即官員偶爾路過此地供其夜宿之官辦旅館。其外觀與官衙毫無二致，尤以臺主叩首作揖之情狀判斷，該行臺確為官設，亦可證官吏到此之頻繁。據云當夜土匪或來此地襲擾，故士兵嚴加警戒，然所幸一夜平安無事，得以一覺酣睡至天明。

湖南省最終目的地

十月四日清晨六時自便水驛出發。坐船渡河後到本便水驛，戶數約四百，家家戶戶此時已打開大門，或灑掃庭除，或忙於清晨事務，然亦有多人早已知曉余等一行來此，故上前聚集圍觀。不過余一行悉穿漢服，故無人分辨出孰為日人。離開本便水驛後，穿過桃林來到一座山上。此一帶為洪積層，水田中有一少女，邊哼著歌謠，邊採集水芹。七時十分至新店鋪小憩。之前天稍晴朗，此時空中逐漸轉陰，不知何時竟下起大雨。對面村落籠罩於雨霧之中，模模糊糊，僅近處房屋現身於空濛之中，呈現出或濃或淡之色差，猶如一幅水墨山水畫，其情趣乃晴天所不可玩味。

一行人冒雨攀登坡道到對河鋪，用完早餐又開始行走，不久到蜈蚣關。蜈蚣關即所謂七盤嶺之門戶，人稱通往貴州之要衝。據說此地附近過去有一座大型廟宇，前些日子因祝融化為烏有。因延燒遭難之鄉民如今尚住在以樹枝搭棚、上面遮蓋樹葉、勉強能躲避風雨之臨時窩棚裡。見此余為之悵然。過蜈蚣關轉為下坡道，因早晨下雨，原先惡劣之道路此時更為泥濘不堪，行走困難。余幾度腳底打滑，幾欲跌倒，一路上踉踉蹌蹌，終於到達波州。此地為晃州八景之一，雨後風景如畫。余拍攝照片後又開始攀登上山坡道，到新村再前行後到達晃州。此處有長橋，橋由砂岩石建造，長約一百公尺，橋上建三層樓，塗紅漆，相當美觀。入口處懸掛匾額，上書「周道如砥」四字。渡橋者皆由樓內通過，故雖曰渡橋，其實與在屋內穿行無異。此處恰如匾額所書，道路通坦，堅如砥石。惟橋下多躺有汙穢之乞丐，以稻稭作被，令美觀大打折扣。有人從晃州廳走出，在此迎接余一行。余於官吏引導下進廳休息。廳長年方二十三、四歲，係地方官員中最為年輕之一人。

晃州原屬黔中郡，即所謂楚、襄、豫、沅之北大門。王昌齡、李白等人之流放地亦在此附近。李白有詩：

聞王昌齡左遷龍標尉遙有此寄

楊花落盡子規啼，聞說龍標過五溪。

我寄愁心與明月，隨風直到夜郎西。

夜郎即此晃州。

晃州位於湖南省通往貴州之最終一站，過此地即貴州省。

第八章

於貴州初見苗人

十月五日清晨自晃州出發，從此遠離湖南地界進入貴州，渡某溪流後穿越山路，於上午八時左右通過酒家塘。清晨天陰，空氣濕潤，走路時心情惡劣。而從此處開始沿河谷前進，可見道路一端有松樹林，其前方伸展著開闊之原野。原野上秋花盛開，黃紅紫白，五彩繽紛，宛如鋪錦滾繡，美不勝收。余於某松樹下坐下眺望此景，不覺間清晨以來之鬱悶心情為之煙消雲散，頓覺神清氣爽。不久又於回望中前行，到大魚塘。自晃州至此有二十里路程。

余進入湖南時發現斯地風俗與湖北差異很大，而今進入貴州一看，與湖南又相差頗多，尤為婦人髮型差異更為顯著。此一帶婦人多盤與日本「姨子」[1]髮型相同之髮髻，

1 「姨子」，日本女人髮髻盤法之一。將髮梢在頭後盤成蛇盤狀，橫插笄於「盤蛇」處後以此固定。幕府時代末期日

且基本未見化妝。

進入貴州後行五里路到黃頭店。黃頭店為小驛站，戶數約三十左右，皆開有供旅客飲食之飯館，其建築簡陋不堪，所售飯菜亦無一可以入口。余於某簡陋飯館休息時與翻譯一邊飲茶，一邊眺望四周情狀。此時看見某婦人非常搶眼。此婦人無論相貌，還是身材，與之前所見之漢族婦女無一處相同。仔細再看，原來是一位不折不扣之苗族婦女。年方三十上下，身材短小，額突，眉端粗，外眼角下垂，鼻端不隆起而且鼻樑窪陷，臉龐稍扁平，顴骨突出，口大，髮色黝黑，皮膚黃。余乃始見苗族婦女，故興趣非凡，再諦觀其特徵時，渠似有所察覺，倉皇走開。余此次旅行所親見之苗人，以該婦人為嚆失。

貴州省風俗習慣

余此次旅行目的之一，乃親眼觀察苗人，而進入貴州第一天即見到其人，確為始料所未及，令余愉悅非凡，同時又有一種日益深入苗地之緊張感覺。

離開黃頭店到鯨魚鋪。此處立有貞孝牌坊。此乃旅行中國時常見之建築，係表彰孝子或節婦而立於村口之門樓建築。牌坊為石造，規模頗宏大，上面刻有各種雕像，於研

本主婦之髮型。

究中國美術方面頗有價值。為作紀念，余以此牌坊與附近房屋為背景拍照一幀。

漸行山漸深，道亦愈險阻，且無可稱之為道路之道路。不過步履艱難處松蔭下常有茶攤，見客人到來，即有女人跑來勸道：「喝茶吧！」走八里路左右到南世館。此一帶女子以白布裹頭，乃於湖南省所未見。至八保亭時見兩位「熟苗」[2]婦女，亦頭裹白布，然纏足風俗與漢族相同。渠等臉圓、扁平，與此前所見之苗族婦女無大差別，想來與漢人長期接觸已然漢化。以此推斷此一帶苗人係與漢人雜居。八保亭海拔高出洞庭湖二百八十公尺。

再向前行走四十里到沙漠溝。此處有茶館十來間，可供行人小憩。此一帶男子亦頭纏白布，相貌酷似苗族婦女，與普通漢人差異較大。見此思忖其或漢化苗人。而漢人中亦有人於相貌、身材上與苗人相似，或與苗人雜居所致。

從此開始道路轉為上坡。穿過兩三座貞孝牌坊，飽覽如畫風景之同時，余見有全身包裹白布之男子鑽入紙龍中，伴隨眾多男女敲鑼打鼓之節奏，狂舞不已，使紙龍搖頭擺尾。據渠等說近來此一帶疫病流行，故以舞龍消災。

下午四時到玉屏城。原想在此投宿，但因此地既無旅店，飯館亦因疫病流行禁止肉

2 古代苗族分「生苗」和「熟苗」，「生苗」是與世隔絕的苗人，而「熟苗」則指被漢化的苗人，與漢人一般無二，也不會說苗話。

食，故不得已只得空腹走到楊花店。此處為山中村落，空有旅店之名，房間僅放一張床，鋪一張草席，無被子。然而旅店招牌居然寫有對聯，頗誇張：「昨宵人去已懸榻，今日客來能可駿。」

余想有此旅店總比野外露營好，故耐著性子將帶去之毛毯鋪在席子上休息片刻。不久打算吃飯，可走進「餐廳」一看竟然不設飯桌。旅店無一飯桌，不免讓人瞠目結舌，然亦無法，只能向店主借一張桌子權當飯桌。當余取出帶來之豬肉欲吃時，店主忙不迭地加以勸止，說近來疫病流行，上面交代須禁止肉食，若有人犯規將嚴懲不貸，故請先生萬勿食用。余答曰：「余係洋人，無妨。」之後將肉與豆腐一塊煮了食用。飯後要求上點心，不久店主真拿來點心，名曰「月一品」。此點心於中國各地皆有，形狀亦同，扁圓狀，與肉包相似，餡為硬餡，興許放在店頭晾了兩三年，此時砂糖已結塊，宛如冰糖，堅如磐石。好不容易吃完一個，下巴即疼痛不已，本人都覺得好笑。

夜裡躺在床上，聽見松風遇河谷中岩石嗚咽啜泣，嘈雜不已，難以入睡。回想旅途中往事，感覺湖南人剽悍勇猛，排外心強，自有一種風骨，而貴州人則顯柔順，有懶散之風。剽悍勇猛雖有野蠻蒙昧之感，可比起柔順懶散、無所憑依似要強數倍。將來湖南或有成就，可謂後生可畏。思忖間不知何時入睡，夢魂飛向遠方千駄木[3]家中。

苗人與漢人

十月六日自楊花店出發，沿溪流穿越丘陵向前進發。此一帶地層屬第三世紀地層，由砂岩構成。行十里到三家塘。途中見數名與昨日所見苗族女子相貌相同之少女，年皆十七、八歲，頭纏黑布或白布。看來疫病亦波及此處，各重要地段皆貼有以下布告：

觀世音菩薩靈符敕令

今歲北京有一胡進士，年八十歲，官至二品，忽死復生，親見觀世音大士。觀世音大士指示，今歲五穀豐登，人多災厄，善人可免，惡人難免。本年五月初五起，玉皇大帝差下疫神，聖下降臨，鑑人善惡。但若十月內人民苦，善惡死，大半善者昌，惡者亡，此乃真言。若有但妄，天誅地滅。云云。

3 千駄木，日本東京都文京區西北部町名。

敕令以疫病作為神佛懲罰，以善人免、惡人死進行勸戒，說明此一帶官民迷信之深。

余等一路觀賞秋葉之美來到秋溪塘。此處亦為山中驛站，人家不過四、五戶，仍為苗族聚居村落。渠等胸部掛胸圍，兼作圍裙與腰帶，衣服上下皆黑色。

從此處向西南方向繼續前進，沿山谷行走時，看見水田旁有水車等，頗有趣。行十里到楊坪。此處戶數約二、三百，乃形似村落之小集鎮，建築稍好。鎮內四處皆有乞丐，令人吃驚。渠等見有旅行者，即如蒼蠅附體乞討錢物。亦有老人帶兩三歲幼女跪於路旁，低頭合掌乞討。

此處亦可見到男女苗人，亦有漢人。雖曰漢人，然仔細觀察斯人卻不純粹，係與苗人通婚之後代。至於農夫則多為漢化苗人，即「熟苗」，其所占比例最高，值得關注。余所雇傭之挑夫中有一位五十歲左右男子，無論相貌還是習慣，皆與一般漢人不同。余猜其或為苗人，詢問出生地後，渠回答少年時離開雙親，四處流浪，後為湖南長沙人收養，故不知出生地與父母名字。余無法速斷其為苗人或為苗漢混血兒，然從其相貌與在頭上插有一把梳子之習慣判斷，可以斷定渠非純粹漢人。於是余設法為其拍照，正面一張，側面一張。拍照時不知何時聚攏來一幫人，男女老少皆有，圍著余與相機七嘴八舌議論著什麼。觀者中有人目光疑惑，有人不可思議。挑夫自身亦不知拍照為何事，如墜雲裡霧裡任余擺布，故拍攝時毫不困難。之後經東瓜棚到青溪縣。

第九章

青溪縣

青溪縣左右皆山，城壁依山而建，又在重要地段築壘高牆，以防苗族及他族來犯。若登高俯瞰，可見城牆蜿蜒於群山之間並環繞全縣，如同小型萬里長城。余等至青溪縣時，官員即出來迎接，說：「已為大人（指余。——原注）備妥旅舍，並做特別裝飾與準備，故今夜務請於本縣留宿。走吧。」惟因日頭尚高照，再行數里亦非難事，故余謝其好意，並囑退房。不過轉而一想，既然來到此地，則不妨到旅舍小坐。此後知縣拿出水果與豬肉等招待，又懇切勸留。辭謝後余等出發，沿河谷左岸稍陡之坡道前行至雞鳴關。此處為青溪縣關口，屬要衝之地。余甫到時即聽聞農家雞鳴，似在通報關名，亦覺有趣。此後經長旗至蒲店，進入名為「一品客棧」之旅店。請注意，中國號稱一品客棧之旅館當屬上等場所，然按其習慣亦僅提供臥房，伙食皆由旅客自身動手打理。臥具等如前夜，僅有草席一張，與我國旅客帶米自炊之小旅店非常相似。

邊看苗人邊赴鎮遠府

十月七日。預定此日去鎮遠府。雞鳴報曉後余即起床，整理行裝後出發。一行人腳踏帶露之青草，沿山路向上攀爬一百公尺後到栗坳子。此處有四間茶館，出售與日本相似之「柏餅」[1]。此乃當地名產，做法是舂米飯為年糕，中間包砂糖，以桑葉裹上方。茶館皆建於山頂處。出茶館即下坡，走三十公尺左右又見到三、四戶人家。河川上架有新建之橋樑。過橋後或爬山或下山，行走間見一河谷窪地有水田，似乎剛收割不久，僅留株兜叢叢。附近秋草繁多，芒花、野菊花、桔梗花、女郎花及其他各種野花遍地盛開，可慰藉旅情。行十里到草鞋坳。十來戶人家，係一小寒村，又見頭裹白布之女子。

於此處茶館吃早餐時，無意間為一名酷似苗人之主婦相貌所吸引。仔細觀察，其尤為顯眼之處乃突出之額部，與此前所見苗人分毫不差。渠等係漢化苗人，即「熟苗」，與漢人為伍，經營各種營生。以此推知此一帶有許多苗人與漢人雜居。

此後又沿河谷於險峻之兩岸山間行走，不知何時來到平蠻道。此地如文字所示，乃

1 「柏餅」，用槲樹葉包的帶餡年糕。

過去漢人討平蠻族之地，即所謂歷史地理名稱。又向前來到一溪流旁。河寬約一百多公尺，水勢平緩，河灘上盡是帶沙之小石。從此向前走十里許到告化灘，看見溪流右岸有數家茶館，不知是「熟苗」還是漢人經營。又走五里地左右到焦溪。棹舟至對岸，此處有一座小集鎮與結構精美之廟宇。

至焦溪，已有八名自鎮遠差遣來之士兵在此迎候。渠等各自肩扛槍械，頗顯稀奇。余於此地始見攜帶槍械之中國士兵。其服裝亦較筆挺，著赤色服裝，背上縫有「鎮遠練軍」四個大字。從士兵外形而言，可謂接近完備。余在士兵引導下沿溪流左岸行走約四里到五里鋪。此處有一名騎馬士官，帶數名士兵在此迎候余等一行。此士官亦由鎮遠府派出，係此前於焦溪迎候之士兵長官。再向前走四、五里，可見肩插旌旗之五名士兵，威風凜凜列隊站立路旁，迎候余等。因道路狹窄，士兵如在家中緩慢行走，令人感到不快。不久到二路口。此地風景如畫，余不忍就此錯過，拍攝照片後仍不時回頭眺望，此前因排場過於威風而生出之不快心情為之一掃而空。

於此處亦遇上苗族女子與可人事物。大凡此地居民多為苗漢混血兒，其服裝、語言、風俗等皆漢化，而相貌、骨骼卻不似純種漢人。離開二路口後道路略轉上坡，之後來到一溪流旁。此溪為沅水支流，清涼流水於陡峭岩石中穿行，不時激起浪花奔流向前。到五里許後小憩。因從此處到鎮遠府有五里地，故有此地名，表明到鎮遠府已不遠。此地海拔甚高，超出洞庭湖五百公尺，有四、五戶人家，屋簷相連。居民似皆混血，亦皆開飯館。

是日清晨陰天，下午二時開始下雨，一行人如落湯雞來到沅水上游岸邊。鎮遠府市區橫跨沅水支流，亦為管轄沅水上游地區之官廳所在地，位處貴州、雲南通往兩湖地區之交通運輸要道，貨車輻輳，商船往來頻繁，市場繁榮，係山區一大繁華都市。眼下余等正逐漸接近鎮遠府，可見許多靠泊沅水之商船。

鎮遠府入口有精美石橋，橋中央設三層樓房，門上匾額大書「阿山石柱」，左右對聯寫：「掃淨五溪煙，漢使浮槎榨斗出；劈開重驛路，緬人騎象過橋來。」由此可知該府於地理上係中國西南重鎮。余等一行過橋後，過往行人見余裝扮怪異，故男女老少皆忽忽聚集身邊，如蒼蠅般將余前後左右包圍起來。余左推右擋，趕往某旅社，然遭拒絕投宿，且態度十分不好，不得已又渾身濕漉漉地找到一間名為「一品客棧」之旅社，始得以住宿。過後打聽此旅社於鎮遠府屬屈指可數之賓館，臥室中一人一床，牆上掛有雲龍圖案掛軸，地面飾有太湖石等，室內裝修頗雅致。到賓館後不久，知府衙門派士兵呈上赤色名片，祝賀余一行平安到達。用餐後就寢，雨愈下愈大，屋簷流水聲騷然一片，無法入睡，不勝淒涼旅愁。

遊覽鎮遠府街區

十月八日逗留此地。清晨起床時，昨夜連續不斷之大雨逐漸停息。吃完早飯後已是晴空萬里，白雲朵朵，環繞市區之山巒為雨水沖洗，翠色濃郁，余雙目為之清爽。在士兵引導下，余與翻譯一道走出賓館，於散步同時參觀市區。

鎮遠府城橫跨沅水支流潕水之兩岸，位於海拔三百六十公尺之高地上。余登上聳立市區一端之青龍洞俯瞰山下，此時坐落潕水右岸之府司縣廳宏偉建築、矗立斷崖頂部之廟宇與山腰之天后宮、聳立高阜之兩三座高樓大廈與位於潕水左岸之各省公館、各種宏偉壯麗之廟宇、散落其間之鱗次櫛比之民居，以及絡繹不絕之車水馬龍等盡收眼底，如在掌中。回眸遠望，山巒如波濤起伏，樹木因夜雨澆淋蒼翠欲滴，白雲繚繞山腰。再看近處，五行山巍峨聳立，山麓樹蔭間古寺殿堂寶塔隱約可見。眼前之風景，壯闊而明媚，實乃妙不可言。

鎮遠府居民皆漢人，悉由他地遷徙至此，其中以廣西、湖南兩省移民為主，亦有許多由雲南一帶遷徙而來之居民，故可視之為集團移民。此處於今無一苗人，而歷史上恰為苗地，甚至可謂苗族大本營。中國政府征討苗人後將其驅趕至其他地區，並使漢人陸續遷入此地，其年代並不久遠，鎮遠府作為集團移民地，由此繁榮昌盛，乃其必然結果。

余拍攝數張照片，結束參觀市區後返回賓館。此時知府派人送來肉包兩盤、鮑魚雞湯一缽、咖喱豬肉一盤等。該知府通曉日本情況，過去又作為中國公使隨員到過歐洲，對西洋事務亦頗精通，因此贈送之食品頗合日人口味，其製法融合了西洋菜餚與中國菜餚之做法，令人感覺該知府頗為聰明。

是夜又是秋雨瀟瀟，因旅情寂寞，故與同行之楊氏談古論今，以排遣寂寥長夜。如前述，楊氏為雲南知縣候補，年紀雖輕，然學問頗大，係學者型官員。長談時楊氏執筆寫就以下文字示余：

中國盤古天地人皇，《通鑑》載，均兄弟十餘人，共數千歲。事無可考理，語近荒唐。倉頡結繩為字，無可記載，實無可考耳。故中國以堯舜之後，其事方為的確。雖經秦始皇焚書坑儒，其事尤不盡失也。

孔子不語無稽談，故雖多識三聖，未曾談到。

問中國地於何時。

堯舜以前之事，以理廣之，大約天地開闢，有日月，即有陰陽，即生萬物。人亦野人禽獸之一類，但人為萬物之靈。天生堯舜，先有知覺，漸漸教化而成。故中國稱人裸蟲，實與禽獸昆蟲無異。若問禽獸何時始生，無人知之也。

依此文，可知中國學者乃如何研究斯國歷史。

十月九日恰逢重陽節。本當賦重陽旅懷詩以慰藉旅情，然余不通此道，故擬按計劃於清晨離開此地。不料中國嚴守慶祝正月與五大節日之習慣，故今日商店皆關門，市民除出外遊樂者外悉數在家，各官廳亦休假。余欲雇挑夫，不意竟然無一應者，故不得已又逗留此地一日。余按中國習慣，於紅紙上寫下姓名，攜之拜訪官廳，祝賀重陽節歡樂。

是日清晨似有雨，然自上午九時左右天又放晴，故余帶上相機，出賓館四處遊逛。市內各家各戶皆種菊花，或裝飾窗前，或放置室內。此時一家人正一邊觀看，一邊飲酒。此地菊花與日本有異，花瓣小，與東京花店等俗稱「渡菊」之品種相同。余拍攝許多景物與當地之生活場景後返回賓館，此時早先託人雇傭之挑夫已在房間打包，正忙得不亦樂乎，為明日出發預作準備。

此鎮遠府市區亦四處張貼如在玉屏城附近所見之「觀世音菩薩靈符敕令」。然此處敕令比之前所見記述更為詳細，為作參考，茲復錄如下：

救苦觀世音菩薩　敕令敬觀世人作商真言

去歲北京有胡進士，年八十餘歲，官至二品，忽死復生，親見觀世音大士指示，今歲五穀豐登，人多災厄，善者可免，惡者難逃。本年五月初一日起，玉皇差下疫神，下降鑑察凡間善惡，但看十月內人民六畜夭死，大半善者昌，惡者亡，此乃真言。若有假妄，天誅地滅。倘有信善者，抄傳一張，可免一身之災。抄傳十張，可免一家之災。抄傳百張，可免一方之災。見而不傳，即有大禍臨身。

此乃文典星北方傳來，並口無謠言。但願世間人信善改惡，可免此難。見人必傳，能小獲好報者也。用米一粒，銅錢五文，用新黃布袋一只包好，放在身上，可免此難。板存上洋大東觀音大士賜靈一送。[2]

此布告用黃紙以木版印刷而成。

2 與此前敕令一樣，該敕令在轉錄過程中亦有錯訛。因無法核對，故除部分錯訛明顯處略行更改外，其餘原樣照錄。

第十章

於某遺跡追思漢苗衝突

十月十日，陰。昨夜早寢，夜半醒來後無眠，待東方發白時起床，欲出發時鎮遠府送來一匹馬，說是可供旅行所用。因此余決定乘馬旅行，於上午六時半出發。乘馬之士官指揮穿赤色軍服之十三名士兵，威風凜凜列隊行走。余亦振奮不已，認為此排場的確不同凡響。

出鎮遠府後道路艱險。余於朝露行將消失之際，一面回望鎮遠府，一面腳踏野菊盛開之小道緩緩向前。與前次一樣，途中又穿過幾座貞孝牌坊。沿溪間窪地行走後，道路忽然變成陡峭之石階路，但馬於此路前行毫不費力。日本馬行山路十分艱難，而貴州馬習慣行走山路，如此陡峭之石階路，居然上行下行如履平地，實在令人驚訝。雲貴兩省馬匹與一般之中國馬不同，保留過去苗族養育之馬匹特殊習性，對此中國史書屢有記述。如今山區苗人仍使用此類馬行走山路，據說此馬最適合於此地使用。余素未習馬術，而今日所騎之馬極為溫順，故決定大膽騎馬登上陡峭石階。然而石階陡峭不算，雨後還顯濕滑，其危險不言而喻。未行幾步，馬不知為何所驚，突然一躍而起，高聲嘶鳴，余則很快從馬上摔下，險些跌落谷底。此時所幸被身後士兵抱住，方撿回一條性命，不得已只好又改為步行。走十里許至文德關。此處海拔五百五十公尺，比鎮遠府高出一百九十公尺，戶數僅二十戶左右，皆開飯館。從此處開始轉為下山坡道，不時降下小雨。

再向前見一瞭望臺。過去苗人強盛時，漢人為防備苗人，特意在此設瞭望臺以作監視。余遙望四周山河，追思當年漢人為征服苗人乃如何費盡心機，苗人又如何勇敢挺身反抗；又見秋花繁盛，念及當年勇士碧血橫流，深灌草木，天長日久，方培育出如此繁花勝景，一股思古幽情油然而生。

如此邊走邊看來到白羊塘。此處戶數約二十，乃一寒村。再向前走五里左右到相見塘。此處村落亦有二十戶左右，依然是一個以旅客為對象出售飯菜之小驛站，海拔五百二十公尺，比文德低三十公尺。此處名產為湯圓，中間包砂糖，以水煮食。時降時停之小雨此時終於變成大雨，一行人如落湯雞，又向前行走四里左右方到雄鎮關。從此處開始道路或轉下坡或轉上坡。走三里左右到小東關，海拔四百五十公尺。此處僅有一家茶館，故在此落座休息。再向前走五里地左右到鑊子塘。此處兩岸皆高山，一條溪流奔騰其間，小路在溪流旁，四處長滿針葉樹，頗顯寂寥幽深，其寂靜程度使人恍若回歸洪荒之中。從軍事角度看，此處乃戰略要地，戰爭時雙方在此一定發生過激戰。回想今日所經過路上，處處可見瞭望臺遺址與眾多關門，道路亦顯狹隘，可謂「一夫當關，萬夫莫開」。據此可以想見歷史上苗人於此地如何繁榮壯大，又如何與漢人產生衝突，屢屢發生激戰；而漢人又如何不畏險阻，最終征服苗人，其間又經過幾多苦戰，證明漢人入侵能力之強大。

第十一章

山路之狀況

再走二里左右到劉花塘，約二十戶人家，海拔五百五十公尺。是日自鎮遠府至此地之間有一高地，海拔五百七十公尺，係余此次旅行中所見之最高山峰。於此處吃早飯。今晨出發時翻譯已預知途中缺乏食物，故讓人煮了茶葉蛋攜帶至此。一行人共食之。茶葉蛋乃中國人常吃之副食品，係菜餚之一種。此間有施平縣派出之三名士兵在此迎候，或許鎮遠府事先有所通知。從此開始沿山頂行走，然山頂較平坦，不免讓人感到詫異：世間竟然有這種山路！再走五里地到華岩塘。此處約有十四、五戶人家，皆開飯館。余在此遇見三名苗族婦女，時間為正午十二時後。從此處稍走幾步即可見到石灰岩洞穴中有廟。此處人稱華岩塘，蓋與此洞穴有關。但正確說來，此洞穴並不應稱作華岩洞。因為按中國風俗，有高山處必祭神。此華岩洞即其一例。如今廟已荒廢，然洞前可見過去有小廟之痕跡。余窺探時有一和尚打扮之男子走出，並開始為余講解，大凡是說明此廟之緣起。余聽後又乘馬出發，走十里許到七里衝，在此休息。此處海拔五百二十公尺，約十四、五戶人家，皆開飯館。

此時雨停，天空晴朗。再前行到一海拔五百七十公尺之高地。此處坡道艱險，全為石灰岩。途中遇馬群，幾十匹馬蜂擁而來，僅由數名馬夫帶領。斯馬群訓練有素，御馬人一發聲，皆自行邁步向前。貴州馬性情溫和，與日本馬大異其趣。彼皆屬馱馬，用於貴州、雲南間貨物運輸。余嘗讀有關中國中部或雲南一帶之遊記，知道有此類馬，然今日乃首次親見。走八里許到望城塘，海拔六百五十公尺，有十四、五戶人家，皆開飯館。此處位於山頂，眼界極為開闊。放眼望去，之前走過之山峰與此山峰相連，遙遠處可見施平城，地名望城似與此有關。俯瞰施平城方向，可見溪流從正面西南方向流過，兩岸石灰岩山脈並排延伸，其間低地有小村落散布。余視野開闊，心情爽快。

苗族老嫗

自此開始，道路又轉為下山坡道。下山時遇見苗族老嫗從下方往上走。其服飾頗奇異，之前未見過：頭包黑布，耳嵌碩大銀環，頸掛銀圈垂胸；上身穿窄袖衣服，黑色，棉布製作，長及臍部，前面開襟，裙似朝鮮婦人衣裙，短圍裙樣式，有襞皺，跣足。余下陡坡後，行八里到沙坪塘，過村口石橋，見一小集鎮，約百戶人家，多為販賣雜貨之店鋪。集鎮位於溪流右岸。沿溪流走二里左右，見有十四名男女交雜在一塊耕田。男子服飾如通常所見，女子則皆以黑布裹頭，如臺灣「熟番」婦女。從此開始路上多小石塊，馬行走頗困難。須臾間打雷，不久驟雨如傾盆而降。一行人如同落湯雞，心情惡劣。但見滂沱大雨雨腳行走處，山林忽隱忽現，變化無窮，以至於惡劣心情得以略微忘卻。此次旅行以來，遇雷陣雨今日為首次。可知此地深山之中氣候風土大不相同。

施平城

慢步走近施平城時，有一名士兵奉知縣之命來此迎候。下午五時左右到某溪流旁，進施平城必須過此溪流。此處過去似有一座精美橋樑，然或被洪水沖毀，如今僅留橋樁。一行人冒雨在岸邊佇立片刻，此時有一渡船從對岸駛來。一行人乘船，然馬須等待下一趟船運載，頗不便。

到施平城後，直接進入知縣事先安排之旅社投宿。到旅社之前，居民已得知余等一行到達，於是又見人山人海匯集而來。士兵揮手制止後，余等方得以入住。之後知縣贈送鵝、雞、豬、小鳥菜餚與蔬菜、肉包等各一盤。於此一帶，斯飯菜皆價高名貴，因此余亦回禮，贈送許多東西。因淋雨受寒，感覺極為不適，故早早上床。入夜後降雨愈加激烈。

第十二章

益發深入苗地

十月十一日，夜間暴雨到清晨時已轉為小雨，山嶺含煙，不知何時得以放晴。余因計劃無法拖延，故於清晨六時冒雨出發。施平城派出騎馬士官一名、兵卒十二名以作護衛。出城即為沅水河畔，兩岸低矮石灰岩山峰綿延不絕，其下方是洪積層。余等登上右岸山坡，朝正西與西南方向之間進發。道路逐漸轉為上坡。俯瞰山下，溪流如銀蛇飛舞，蜿蜒流淌。溪旁散布許多小村落，處處可見水田，其風景亦難以忘懷。

登上山頂時，山際雲煙逐漸消散，山巒蔥翠如洗，參差不齊。到五里墩，此處海拔五百八十公尺，約有十二、三戶人家，皆開飯館。此一帶多栽種桃樹與梨樹。村民似以採其果實銷售為生。在村子入口，見到一棵久違之柳樹。如前述，柳樹為長江流域村落附屬之物，有人家必有柳樹，而余進入沅水上游深山後，有較長時間未見柳樹，於此處意外發現頗覺稀罕。此處過去設墩臺，留有石垣築就之痕跡，蓋征討苗人時所建，但不知何時開始荒廢如此。此處名曰五里墩，恐由此墩臺距施平城五里而起。於此處小憩後，又向前行走七里到草塘關，海拔六百公尺。此地名緣於古代有關口在此，但如今已成為山中之一小驛站，戶數約四、五十。

此一帶女子皆以白布裹頭。白布多餘部分盤在頭部四周，恰似頭戴一塊大白頭巾。男子亦以白布裹頭，如包裹纏頭布，衣袖甚長，據云此風俗與雲南相同。此裝扮於湖南地區皆未見到，但離開鎮遠府後所見之男男女女皆如此打扮。其袖寬大，衣襟亦長，乃漢服中最為古老之服裝類型，古代中國似乎普遍穿著此類衣服。然此一帶依地方不同，亦有著短裝者，不過其短裝大都為經現代人改造後之古裝。想來此地遠離中國文化中心，不易受到中心城市變化之影響，古代風俗得以較好保存，與日本偏僻山村與海島仍殘留古代風俗之道理相同。此處又與日本箱根[1]相似，製作與湯本[2]販賣之同類木製器皿，如小型蹺蹺板與裝鴉片之杯子等。為作紀念，余亦購買一至二件。此道路係聯繫雲南、貴州之重要通道，驛馬鈴聲叮噹不停，與馬夫傳唱之山歌彼此呼應，令人聯想到日本古代驛站。

1 箱根，神奈川縣足柄下郡某城市，係著名溫泉觀光地，江戶時代設有關所。
2 湯本，福島縣著名溫泉旅遊地。

上午八時後從此處出發，途中看見苗族女子汲水。其裝扮如下：頭裹黑布，耳嵌銀環，頸掛銀圈，黑色衣服垂腰，腰以下部分穿黑色圍裙垂膝，如臺灣「澤利先番」[3]男子著裝。也遇見苗族男子，亦穿黑衣，頭亦裹黑布，耳嵌銀環。至此始知余已深入苗地，日後將遇見更多苗人。

眼下行走之道路仍在山頂，雖略有凹凸不平，然行走毫不困難。所見植物多為荷蘭冷杉之一種，蓊鬱繁茂。之後到沿沙塘。村口懸匾額，記載斯地名。此慣例於湖南地區不大見到，可進入貴州以來，雖說並非百分之百，然四處皆可見到。村口門樓掛匾額，記載地名與到下個驛站之里數，對旅行者而言非常方便。走二里許後，道路轉為陡坡。之後到達海拔六百三十公尺之高地，稱勾坡。僅五、六戶人家，距施平城三十里。一行人在此小憩。

於此處又遇見苗族女子，一見其凸額即知為苗人，裝扮同前述。在山上可見散布各處之墩臺。下山後到籃橋塘，海拔六百公尺。此處為村莊集鎮，設官員行臺（旅館），又有三重屋簷之廟宇等，可知乃苗地中較多漢人聚居之集鎮。戶數約有四、五十。其間

3 一九〇〇年，伊能嘉矩與粟野傳之丞僅依據間接收集的資料，便視其為風俗、習慣、語言等要件的主要憑據，在其《臺灣蕃人事情》中將現在的魯凱族與排灣族歸類稱為 Tsarisen（澤利先）。一九一〇年，鳥居龍藏在《臺灣土著族分類》中最先將排灣族自 Tsarisen 分出，使 Tsarisen 用來專指現在的魯凱族。

有倉庫，稱「施平縣義倉」。名曰義倉，但於今未見儲藏任何糧食，頗荒廢。斯義倉為吊腳樓建築，地板稍高於地面，與日本農村常見之神社建築相似，正面有入口，無磚壁，全以木頭建造。余思忖日本古代建築是否與此有關。調查之後離開此處到楊柳塘。此地海拔六百六十公尺，名為楊柳塘，卻無一株柳樹，僅見村口長有一棵三葉楓，因霜打已著深紅色。此處亦山區一寒村，戶數十三，皆開飯館，居民為漢苗混血兒。此時已消停片刻之雨又開始下了起來。走下坡道到溪旁，渡石橋，橋旁有石碑，刻寫嘉慶年間架此橋之經緯。

橋旁有三戶人家，其中一戶乃漢人居所，其他兩戶茅草屋頂，家境貧寒。屋前有一女子在晾曬衣物，此房屋明顯係苗人房屋，其女子亦苗家女子，其裝束與前述無大差別。再向前，坡道上有門樓，上面寫有「東坡塘」三字，下方寫「至楊柳塘五里」字樣，故可知已行走五里地。此處海拔六百三十公尺，戶數約五十二、三戶，在山中村落略顯繁華，亦有大房屋，村子四周悉繞以石垣，出入口各設有門樓，入夜即關閉門戶，宛如一個小城郭。此乃漢人防備苗人偷襲而建，用心實為良苦。藉此可知過去漢人與苗人之衝突如何激烈。貴州漢人於對待苗人關係上與其他漢人不同，尤為懼怕苗人，無論何地皆與此處相同，眾人聚居一處，絕不單獨居住。而其他省份漢人則與之相反，雖成村落，然各家各戶多散居四處。出門樓，有一小溪，見一位十四、五歲之苗家少女在洗濯。渠頭裹黑布，穿在臍下前面合襟之衣服，腰結圍裙，有襞皺，頸掛銀圈，耳戴銀環。從少女洗濯處往前走十幾公尺，可見有兩三戶苗族人家。從此狀況判斷，可以推知此處過去為苗地，曾經居住此地之苗人被放逐出城郭之外，如今此地反倒成為漢人村落，主客顛倒。

沿溪流而下後，來到一處開闊山間窪地。兩岸有山，山麓與山麓間有幅寬五、六百公尺之窪地，溪流從其中央流過。丘陵上有水田，可見兩三個小村落散布其間，皆苗族村寨，有苗人使用水牛耕田。此前路旁有汙穢草屋，乃苗人居所。某女子欲走出屋外，然見余等一行即慌忙跑回家中。余近前欲開門，但察覺門後木門緊閉，終不得開。見此情景可知渠等乃如何畏懼漢人。再向前走，有瀑布懸掛溪邊，溪前有石橋，記作「玉橋峽」。余站立橋上，眺望水中美麗岩石，聽瀑布聲轟然作響，似乎遠離凡界，身處仙境。又走十里許到冷水井。此處有兩家飯館，可供旅客小憩，但汙穢不堪，店主皆似苗漢混血兒。再向前走，到十里墩，有十四、五戶人家。余在此遇上一位化妝美麗之苗家女子，據云正趕往拜訪親戚。渠頭裹黑布，服裝與剛才洗濯衣物之少女無異。離開鎮遠府後已屢屢遇見苗人，而今日所見尤多，漢人反而日益少見。

第十三章

苗族村落

苗人聚居中心即余當下旅行之貴州省，從類型上區分有「白苗」、「青苗」、「黑苗」、「花苗」、「打鐵苗」等。離開鎮遠府後所見之苗人，即「黑苗」之一個分支，可由其衣服顏色等辨別。離開十里墩後，來到一溪流旁，溪上有一橋，橋旁有一處苗家村寨。欲進村時，恰好遇見兩名士兵從黃平縣到此迎候，故在其引導下，與同行之士官一道參觀苗寨。該苗寨有十戶左右人家，屋頂鋪茅草，建築情況與下層漢人之居所無異，室內飼養牛、豬等家畜。此村苗語稱「衣克屯」。進村後，有六、七名苗家男女與許多孩子聚攏過來，其中還有一位六十歲老人。渠等驚奇地看著余一行人，豈但未有一絲驚慌，反而很高興。見其風俗與人之形象，不知為何會聯想起前些年在臺灣所見之「生番」，使人感覺苗人與「生番」相似。女子著裝與髮型與前述無大差異，而男子則辮髮，衣裝與漢人略有差異，結圍裙，頭裹黑布，即所謂之「黑苗」。在此村多方調查後，又詢問其詞彙與語法，僅就其發音進行研究後發現，渠等語言中含有德語之ch音與英語之V音。余擬就此進行詳細調查，然同行之士官等不願久留，不斷催促：「天黑了，快走吧。」因為此處為苗地，有危險感，加之漢人看苗人與日人看日本特殊部落人群之感覺相同，故不得已只好離開此處。未走多久即看見有一座貞孝牌坊，乃嘉慶十二年所建。走過牌坊，可見左方有一墩臺，之後來到一條溪流旁。此處亦有石橋，碑刻記載係乾隆五十二年所建，名「丁未橋」。過橋後，看見遙遠前方丘陵上有五重塔，塔旁有一名苗家少女在認真地割草。人很矮小，初見時以為烏鴉停在彼處，頗覺好笑，故口占一首：

塔旁丘上一鴉停，原是苗女割草忙。[1]

道路通過丘陵上方，附近一帶景色如同曠野，未有在山中行走之感覺。途中見到一座貞孝牌坊，已破碎，躺倒在路旁。再穿過一座貞孝牌坊，前方可見新黃平城。再走四

---

1 原歌為：「丘の上に烏止るとよく見れば　苗の乙女が草刈れるなり。」

百公尺左右到其正門。此處亦為廣闊之平原式丘陵，許多苗人正使用水牛耕田。

新黃平城

新黃平城位於海拔六百五十公尺之高地，自其東轅門進入市區時乃下午四時。此夜在「鵠順店」投宿，旅店頗「汙穢」。城郭環繞兩頭高、中間低之地形而建，街區位於城中心且比外部地面約低二十公尺之低地上，恰似處於缽底。從地形可知，在征服苗人時，此地曾為戰略要地，而如今城區僅有漢人居住。漢人為自身考慮，在此四周建築如此宏大之城牆，以防苗人來襲。城外有許多苗人居住，附近農夫大凡皆苗人。如今苗人可以自由進出城內，但不與漢人雜居。苗族男子團髮，如仁王[2]髮型。據說「青苗」亦有此風俗。到旅舍不久，當地官府即贈送雞肉、豬肉菜餚各一盤。施平縣之士官陪伴與余同行之士官來旅舍，打過招呼後說在此交接，此後還有四名兵士要來，並拿來記有姓名之紅紙名片。此為慣例，其格式如下：

[2] 仁王，寺院門內的哼哈二將。團髮指將頭髮剪成圓形狀。

計開

護送練軍四名至楊老

唐之桐、龔超海、姚古之、周文彬

九月　日

是日行程六十五里。明日將進一步深入苗地。

第十四章

重安地區「黑苗」風俗

十月十二日，清晨陰，之後逐漸放晴。上午七時半自新黃平城出發。貴州一帶原為苗地，明初漢人征服苗人後，並非全部，但在大多數地區設置郡縣。其中部分地方苗人不服，故政府又設「土司」官職，對苗人加以討伐。斯土司制度多見於貴、雲、川三省，始於政府從苗族社團中選出某些強勢酋長，授其官銜，贈其豐厚之獎品或報酬，以懷柔政策統治苗人之方式。設土司制不知出自何人方策，但對政府而言，實可謂具有遠見卓識。此制度功效卓著，不僅便於統治苗人等，而且在去除後患方面亦成果顯著。貴州多漢人移民乃明代以後之事，當時略作移民嘗試時，尚畏懼與苗人發生衝突，漢人各村落皆建有城牆，雖不完備，然亦可相互照應，警戒不怠。其形跡在此地多有遺存。各村居民並不單獨分散居住，而必集中一處，生活在城郭之中。以上現象多見於余進入貴州之後，值得關注。明代以後移居之漢人主要來自廣西、湖南兩省，亦有一些來自四川，因為這些省份皆接近貴州。

余在隨行士兵護衛下，乘馬自新黃平城出發。城外多茅草屋頂小屋，皆苗人居所。生產時苗家男女一道外出，心無旁騖認真耕作。途中余到某苗寨各家訪問調查，此村寨海拔高出洞庭湖六百三十公尺。離開村寨後，坡道逐漸上升，余一行到達某處標高七百八十公尺之村子。小路右方有殘存石製堡壘，今已崩塌，空成古蹟，恐係當時漢軍駐紮以威嚇苗人之設施。再向前發，道路益發險峻。余乘坐之馬匹乃苗地特產，坡道如此險峻行走卻毫不費力。不久一行人來到某處標高七百八十公尺之高地。之後依然道路險峻，坡道不斷。

途中遇到百隻以上之馬匹列隊走過。馬背上馱有重物，有十三、四人隨行，各自攜帶火槍與刀劍等武器。此乃商隊，有途中露營之習慣，夜間將貨物從馬背上卸下堆放一處，如日本士兵排列背包一般。護衛者中一人持槍，子彈上膛後值班。以上十三、四人並非全係馬夫，其中有四、五人係商人。因此一個馬夫要牽十隻以上之馬，大大超出日人之想像。然如前所述，實際上本地馬極其溫順，數量再多管理亦很方便。

余等爬坡至盡頭，來到山頂，此處標高九百公尺，比今晨離開之新黃平城高出二百七十公尺。再往後之道路海拔高度相差不大，但平坦如砥，路旁多冷杉，繁茂蓊鬱。途中見一墩臺，亦為防備苗人所設之古蹟。此地稱五里墩，戶數二十，皆以開飯館為業，有漢人，也有漢苗混血兒。小憩時見一苗人，係「黑苗」女，乃此前路過之苗家村寨人氏，眼下到此賣酒。苗人釀酒出售素有耳聞，然親眼所見，此為嚆矢。斯酒以米釀造，係清酒型酒，與日本酒幾無差異。苗女額上盤圓髮，插木笄，其形態與沖繩婦女無異；耳戴銀環，頸掛銀圈；衣服黑棉製作，窄袖長及指甲，衣裾短僅及腰，衣襟胸部右面闔合；腰以下部分穿著日式細筒褲，長度僅及大腿，形如西洋女子圍裙，有襞皺；跣足。其性格相較漢人略有差異，帶有一種溫柔、羞怯之美。渠以扁擔挑酒壺，除四處賣酒予苗人外，還向過往旅客兜售。酒容器為帶手把之陶壺，酌出時用竹柄勺。

此後花費數日經過重安、楊老、平越各地，到達黃絲。

第十五章

地理情況與苗族生活狀況

過黃絲後不久，即向聳立於龍里地區後方之山嶺進發。彼山嶺位於沅水發源流域，沅水源頭即從此處附近之分水嶺山谷流出之小溪。一路眺望，四面皆山，重巒疊嶂形成數列山脈，其走勢皆由南向北，綿延不絕。余等不斷爬坡、下坡於崇山峻嶺之間，而且每每向西前進時，甫爬坡後忽又下坡。反之，甫下坡後須臾間又爬坡。每越過一座山峰後眺望前方，前方依舊是重巒疊嶂，渺無盡頭。而沅水則隱約現身其間，如銀蛇疾走於草叢之中，留下處處瀲灩波光，向東奔流。自此開始余等或沿沅水或在沅水蜿蜒之間不斷前行。

沅水兩岸山上居住眾多苗人，而苗人又種類繁多，但多為「黑苗」，因此將沅水上游地區視為「黑苗」分布地區似無不可。不過在調查苗人時須格外注意。余從日本出發時曾一度設想苗人與我日本帝國之臺灣「生番」一樣，與漢人交通隔絕，其間絕無往來，然此次實地調查「黑苗」後發現，情況與開初之想像差距很大。譬如，其風俗雖保留原有狀態，但同時接受漢人之影響亦不可謂不多。尤為苗族男子，其風貌已然漢化，有人與漢族男子全無差別。要而言之，欲知苗人固有風俗，多半須從苗人婦女著手，始得以窺其堂奧。於經濟交往方面，渠等亦與漢人互通有無，將本地產出之物資，譬如手織麻布與木製器具、燧木等運往漢人聚居地出售。另一方面，漢人亦較多深入苗人腹地，其中最典型之地點即重安。重安位於沅水沿岸，於此與苗人交易最為方便。從當下此附近一帶仍居住許多苗人可以推知，過去此處聚居過大量「黑苗」。余於重安就「黑苗」生活及其他狀況進行調查，發現此地苗人皆如其名，穿黑色衣服。男女身長與日本人中最矮小者相仿；皮膚呈黃色，圓臉，甚少鬚髯；頭髮黑，直髮。女子髮型、身段、服飾等與前述無大差異，故不贅。男子團髮於額部，形如仁王髮型，以黑布包裹；衣服分上衣與褲子，皆黑布製作。上衣筒袖甚寬大，衣襟在中央處以扣連接，衣裾垂及膝蓋上方，腰部以黑布帶綁紮；褲子短，略超過膝蓋。腰部以下鬆鬆垮垮，如穿日本裙褲；小腿紮綁腿，有跣足者，亦有穿草鞋者。此衣著從孩子到中老年人皆相同，了無差異。其次是房屋狀況：面積極小，如日本鄉村常見之貧寒農舍，且極「不衛生」；建房立柱前在地面挖洞，屋頂鋪草，上面纏繞瓠瓜與南瓜等藤蔓，以萱草圍合作牆。室內極狹窄，僅分為三間，不外乎臥房、火塘間[1]與廚房。屋頂低矮，僅比站立之人之頭部高兩尺左右。各家房屋大抵分散建築，呈星星點點分布狀況。偶爾也有聚居處，然充其量不過五、六戶。食物不依賴大自然，如捕鳥獸或撈魚介，其文化已然進入農業時代。雖不能稱完備，但已能開山種田，從事農業。食物有穀物、蔬菜等。家境殷實者常食用大米，貧寒者以玉米果腹。偶吃羊肉、豬肉作為副食。過去自己紡麻，而如今皆從漢人手中購買棉布縫製之衣物。食具、五金具等日用品亦從漢人手中購買，以敷家用。其性格於清代初期仍剽悍威猛，但如今已不復可見，顯得極為溫順，蓋過往遭至漢人政府「沉重打擊」所致。

1 火塘間，原文為帶火塘的房間，即用於會客吃飯的房間。此房間與日本古代房屋結構相仿。日本古代在此焚火、燒煮食物並以此供暖等。火塘大小一般為一平方公尺，前後為正方形或長方形，附近鋪設木板。文獻記載為「比多岐」、「地火爐」、「圍爐裡」等，意思皆為「有人的場所和燒火的地方」。火塘設於房屋正中央，是家庭生活的重要中心區域。其坐席有嚴格規定，如家長位、家屬位和客人位等。

重安附近山上「黑苗」男子（作者拍攝）

重安附近山上「黑苗」婦女（作者拍攝）

此地苗人狀況如上述。而從文化發展程度與氣質方面考慮，與我臺灣「生番」如今仍未脫原始狀態，剽悍威猛、同族相鬥等實無法比擬。此「黑苗」分布之沅水上游沿岸地區係漢代「牂柯」[2]、「且蘭」[3]之地，今苗族恐係後漢時代「五溪蠻」之一。當年於壺頭山困阻著名伏波將軍馬援之「蠻族」，當係此類苗人無疑。今日「黑苗」僅分布於貴州沅水上游地區，但歷史上不僅分布於沅水流域整個地區，而且還占據洞庭湖附近，即湖南省一帶。從地理學角度說，如今之分布區域僅侷限於苗嶺山頭。

---

2 「牂柯」，一作牂牁，中國古郡名。漢武帝元鼎六年（前一一一年）開西南夷而置。治故且蘭縣（今貴州省貴陽市附近，一說在福泉市一帶）。屬益州刺史部。南齊改為南牂柯郡，梁廢。隋大業中復置牂柯郡。唐置牂州，高宗永徽中再廢。《後漢書・南蠻西南夷傳》載：牂柯地多雨潦，俗好巫鬼。

3 「且蘭」，戰國時期至漢初古國。在今之四川省南部、貴州省西部及滇桂黔邊一帶以濮系民族為主體建立的地方民族政權。夜郎國境內的小國。在今貴州省都勻市、福泉市、黃平縣、貴定縣一帶。

第十六章

「花苗」風俗

十月十五日到達某分水嶺。此分水嶺在沅水上游盡頭，即沅水發源地，人稱谷濛關。因天然岩石峭壁自成門戶形態，故有此名。此地海拔高度超出洞庭湖一千零五十公尺。此前經過之重安海拔高度四百八十公尺，楊老六百二十公尺，觀音洞溪七百公尺，而此分水嶺上之谷濛關則一躍超出一千公尺，達一千零五十公尺，係當地最高海拔。由此可知其成為中國西南地區主要山脈苗嶺之分水嶺絕非偶然。

站立分水嶺頂端，聽任天風吹衣，俯瞰所經過之沅水流域，不禁感慨萬千：離開洞庭湖後至今，行走數十日，其中半數以上在沅水船上度過。進入貴州後一路交通不便，時常險象環生，但終於平安至此，可謂全拜沅水之賜。棄船後亦幾乎整日與沅水為伴，所見者非其幹流即其支流。余見其清流，可慰藉旅途勞頓，掬其流水，可祛除口中之渴，實可謂沅水乃情深意切之大河巨川。余每當思及穿越峽谷、奔騰向前、浪打礁石、漩渦回轉而危機四伏之湍急河流沅水，乃由此分水嶺之樹木、岩石之間點滴匯聚而成，不禁感到積聚力量之強大。沅水不僅匯集余之種種思念，一路上還匯集眾多溪流，而今日在此卻不見分水嶺之水滴。此意味著余與沅水須做澈底地告別。余耽於此類感慨，不覺移時已久。

此分水嶺乃附近一帶之最高點，但山頭平坦，形成一處高原，左右另有高山聳立，如圍屏風，其間展開一片平地，乍一看有如谷間窪地。苗人在此耕作，既有水田，亦有旱田。於此居住之苗人並非過去所見之「黑苗」，其種群為「花苗」。依此考慮，此沅水與其他流域之分水嶺，亦為各苗族分布地區之分界線。與地理分界相伴而呈現不同之文化，可謂有趣之現象。

余步出谷濛關，無意間來到一條小溪畔，其水流方向與沅水流向正相反。由此可知以此分水嶺為界，從此流出之溪水皆向西流動，成為另一條河流之源頭。從此開始一行人沿溪流向西面進發。

途中遇見兩名從貴定縣來之士兵在此迎候。在渠等指引下，余等行進時又遇見兩位苗人老夫婦，行走方向與余相同。其衣服布料、製作方法、穿著方式等與「黑苗」分毫不差，惟其衣服染色與「黑苗」有異，使用水色。此即「花苗」種群。余詳細調查其裝扮與體格等，並為之拍照。之後又訪問附近之苗人村寨，結束各種調查後繼續上路。路開始轉為下坡，不久進入貴定縣。此附近一帶聚居許多「花苗」，余也為之拍照並做各種調查。

之前貴定縣知縣似乎非常擔心余等一行如何通過苗地，故特意事先派人到距離縣城兩三里之地方迎候。余到達後，知縣親自出門迎接，寒暄親切，說為余等平安到達感到高興，並祝禱旅途一路平安。此知縣為滿人，已近老年，然頗具中國官員派頭，迎接時態度威嚴，著正式官服。眾兵卒則四面警衛，手持青龍大刀，身邊大旗翻飛，威風八面。余接納知縣懇請，決定今夜在此留宿。翌日出發後遇雨，然因旅程急迫，故仍冒雨前往貴陽府。

十月十七日平安到達貴陽府。之前在距貴陽府五六里處遇上三四位穿洋裝結伴行走之人群。渠等見余即問：「是鳥居先生吧？」原來係日人，即如今於貴州武備學堂擔任教習之高山少佐與間宮先生等人。他鄉遇同胞，頗覺驚喜。據云渠等於貴州巡撫衙門聽說余等一行今日將到貴陽府，故特地在此迎接。余喜不自勝，無以言表。而渠等他鄉遇國人，亦感天涯萬里，骨肉相逢，喜悅異常，對余三呼萬歲。余藉此機會須對諸位先生再次表示感謝。回想余自漢口出發以來，一路孤影飄搖，每日與異邦人同起共臥，根本想不到能在此處與同胞相見，因此決定與諸先生一道冒雨前往貴州城——貴陽府，於武備學堂逗留數日。此間承蒙諸先生親切照顧，其深情厚誼難以言表，至今感銘在心。此前諸先生乃自四川重慶一帶來此貴陽府。此為距離最短之通道。

第十七章

貴陽府與「狆家苗」

貴州城別稱貴陽府，乃貴州省中心大都市，統領貴州全省之巡撫即駐紮於此。作為一級地方政府所在地，其地位非常重要。貴陽府城牆以磚築就，環繞全市，蜿蜒綿長。城外地勢平坦，四面曠野，左右遠山連綿起伏。城前有一河，向北流淌，流經四川後於重慶附近與長江支流涪陵江合流，最終注入長江。貴陽府成為貴州最繁華之都市乃明代以後之事。明朝統一中國後為「征服」苗人曾大費周章，許久才達到目的。貴州自置於明朝實際統治之下後即成為該省政治、軍事中心，漢人漸次移居此地，最終形成當下之繁華都市。而此前貴州乃苗人聚居之蠻荒之地，漢人等一人未見。在此附近一帶繁衍生息之苗人主要為「狆家苗」。時至今日，漢人仍僅居於城堡之內，往城外行走二、三里地則皆為「狆家苗」寨。以此可知歷史上此一帶乃苗族中心區域。

從語言上說，「狆家苗」與其他苗人略有差異。據渠等口耳相傳及余就其他事實調查之結果表明，似乎渠等早先並不居於貴州，而在廣西，不知從何年代起移居貴州。今日中國古銅器中被稱為銅鼓之器物，即與該族群之使用有關。

若穿過「狆家苗」寨，往南行走數日即可到達八蠻。八蠻自明代起即很著名，乃苗人主要聚居之地，余離開貴州城即為調查此地，所經道路兩旁皆為「狆家」村寨。苗人從事農業，余到訪時適逢割稻季節，苗人正為收割忙碌。渠等見余一身旅裝，與漢人有異，不免感到奇怪，皆停下手中之農活注意觀看。余則四處拍攝風俗、景物照片。此一帶為平原，地勢開闊，有一條河流淌其間。此河即涪陵江上游。走進河流附近「狆家苗」寨觀看建築樣式，其房屋極似日本窮鄉僻壤之建築，以萱草鋪屋頂，又以萱草圍蔽作牆。人家稀疏散落，其間有水田，四處可見水車，蓋為灌溉方便又或為其他用途而設。

通過此處再向前行走六、七里，又看見一條河流。與前述河流流向不同，彼河向北，此河向南，流經八蠻後進入廣西，與著名之珠江合流。若沿此河行走必至廣西，或許「狆家苗」人過去即沿此河由廣西移居貴州。時至今日，此河兩岸仍有苗人密集居住，故余決定繼續沿此河岸前進。從貴陽府到此一帶地勢平坦，原野開闊，山巒遠隔，實可謂貴州省之分水嶺之一。由於此水源向北流即成為四川之河流，向南流則成為廣西之河流，以及此地雖平坦但海拔高，南北兩方向窪陷等原因，無疑可稱為中國西南地區分水嶺之一。

第十八章

「白苗」、「青苗」與「打鐵苗」

是日，夜宿青岩。此地不僅多苗人，而且種群繁雜，除「犵家苗」外，既有「花苗」，亦有「白苗」，還有「青苗」，是觀察各類苗人種群之絕好場所，使余得以一舉兩得、三得、四得地輕鬆調查「花苗」、「白苗」、「青苗」各村寨。以下為調查情況概略。

「青」、「白」二苗風俗相較其他苗群，男子無顯著差異，而女子則與其他苗人大異其趣：頭部被覆頭巾類之頭蓋，著黑布寬大筒袖衫，穿裙，裙上有圍兜。頭部四周剃髮，頂部留有少許頭髮，並將其盤成日文字母「の」字形狀。

「花苗」又有不同：衣服刺繡作為裝飾，此點最為顯眼。其他苗人並非無此習俗，但其刺繡不如「花苗」醒目華貴。「花苗」刺繡使用赤、青、紫、黃等各色絲線，技藝精巧，極為美麗，可謂苗繡中最為精美之物。「花苗」之名因此而起。

青岩地區「白苗」男子（作者拍攝）

青岩地區「青苗」女子（作者拍攝）

一如前述，此地「狆家苗」、「花苗」、「青苗」、「白苗」雜居一處，種群不同，然語言皆一致，只不過各地方言略有差異。渠等相傳出自同一祖先，自稱其民族為Mon[1]。如此看來，Mon即該民族名稱[2]。各種群房屋樣式大同小異。「花苗」房屋屋頂以稻草鋪葺，編竹作牆，或有人塗以泥巴，即日人所謂之棚狀小屋，極為粗陋。室內亦簡陋，且狹窄。通常為兩層，第二層如鳥巢，屋頂堆積稻草，入夜後一家人皆鑽入稻草間就寢。因二層僅用於就寢，故屋頂極矮，人無法直立。一層地面為土地，僅有簡單爐灶與不多之日用器具，生活簡單無比。再者，室外皆建有豬圈，各養數頭豬。苗人屋舍之不衛生，實不忍觀看。

余結束各種調查後離開此地，向南方進發，費時二日終於進入八蠻地區。此處居住「打鐵苗」。「打鐵苗」乃漢人所稱，而渠等則自稱與「花」、「青」、「白」諸苗相同，亦稱其民族為Mon。其體格、語言、風俗等與上述諸苗完全一致，可以判斷渠等有

---

1 漢語譯音為「蠻」。

2 日本學者加藤鷹一郎認為，古漢語和印歐語中的「民—man」一詞有同源現象：「『蠻』是上古南方民族如苗族和瑤族自稱的漢語譯音，意思為『人』。例如瑤—勉語：『龍勝mjen人』，mjen，民族自稱；『蒙山mwan人』，bjaumwan，民族自稱。苗瑤語保持了原始語『人』的古音，而上古漢語『民』mien則應是同一詞的高化元音變體。又，民、蠻、苗瑤語mjen/mwan（人）與印歐語man的對應關係提示了漢語、苗瑤語和印歐語在史前時期的關係的線索。」原文網址：https://kknews.cc/culture/q36y36g.html。

共同祖先，乃同一民族。

「打鐵苗」村寨由三個寨子組成（漢人稱苗人村落為「砦」或「寨」，與臺灣「生番」自稱其村落為「社」相同）。其女子風俗稍有不同：頭部以黑布包裹，額部上方又有一包裹物。耳戴銀環，頸掛銀圈，衣服分上衣、下衣。上衣筒袖寬大，但極短，僅達手臂。衣裾亦短，僅覆蓋腰部。下衣為裙裳，多褶皺，包住上衣，圍裹腰部，長度僅供蔽膝。腰部圍圍裙。衣服皆棉布製作，染成黑色。此外，上衣背部與胸部又另裝飾一塊四方形小布片。男子以黑布裹頭，衣服與漢人幾無二致，但袖口甚寬且長，遮蓋手指。衣裾亦長，幾達足部。腰部束帶，腿紮綁腿。其生活程度與其他諸苗相比無大差異。

於茲須指出者乃「打鐵苗」之舞蹈，因為此於民俗學上可成為一個有趣之參考。其具體舞蹈狀況是女子起舞，男子伴奏，伴奏之男子各自持笙吹奏。笙乃苗族樂器，通行於各苗族之間，演奏精巧者不乏其人。其形制與日本常見之笙相比頗有不同，體量極大。大凡苗族男子皆擁有此樂器，各家各戶通常置笙一支，供家庭娛樂之用。舉辦舞蹈時，全村男子各攜帶一支笙聚集在某場所吹奏。其音極低，樂器稍與空氣接觸後即發出聲響，然而多支樂器一起演奏時，其音色之嘹亮，其妙趣之無窮，可使幽谷潛蛟起舞，令孤舟嫠婦哭泣。然女子絕不吹笙，惟舞蹈而已。舞蹈時不論姑娘人婦，老弱長幼，皆出場共舞，其中甚至還有背負嬰兒舞蹈之婦女。舞蹈前男子先進場並列隊於舞場後方吹

青岩地區「花苗」村寨（作者拍攝）

奏，之後女子走到男子前方，隨音樂節奏開始舞蹈。舞蹈持續期間氣氛極其靜穆，不似日本盂蘭盆會[3]時舉行之民間舞蹈那般嘈雜不堪。舞者兩手向前，在腰處合其兩掌，從而上身一動不動，僅讓足部運動。然其足亦不向前方踏出，而是併於一處，如螃蟹橫行狀橫移足部，或左或右，徐徐飛舞。其舞蹈方式極其簡單，無論誰一看即能模仿並與之共舞。

3 盂蘭盆會，日本仿照佛教習俗在七月或八月十五日舉行的祭祀祖先魂靈的活動。

第十九章

八番苗地之調查

如前述，八番位於蒙江上游，沿此江行走必至珠江。珠江發源於雲南東部，在貴州境內與各溪水合流後水量漸大，向東貫流於廣西中部，至廣東省廣州附近注入大海，綿延數千里，在中國僅次於長江與黃河，屬中國第三大河，流域面積橫跨雲南、貴州、廣西、廣東、湖南五省，其中廣西、廣東二省大部分地區皆屬該流域。此流域之北方有一列山脈橫亙於上述五省，此即苗嶺山脈。從此山脈各峰谷間向南流動之溪水悉數注入珠江，故此苗嶺與珠江有著密不可分之關係。於此發源苗嶺而後注入珠江之眾多溪流沿岸，過去除漢人外，還居住眾多民族。如今除苗族外，還棲息著瑤、侗、僮等各民族。前述「八蠻苗」即其中之一。

余結束「八蠻苗」調查，順道調查「花苗」、「青苗」、「白苗」、「狆家苗」等苗群後返回貴陽府。十月二十九日再出貴陽府，向安順地區進發。前述武備學堂諸先生特意送至途中。是日余照例乘馬前進，途中大雨滂沱，衣袂皆濕，心情惡劣，無以言表。此時秋意雖已闌珊，但貴州高原路旁仍繁花盛開，香味濃郁，又因塵埃為雨水沖刷，花色更添鮮豔。余非洪堡德，但亦為此天然景色歡娛無比，藉此聊慰旅情。

行走五十里到清鎮縣。於此夜宿，翌日又向西面進發。途中訪問眾苗寨做各種調查。如前述，貴陽府至此一帶地勢略有高低，然總體而言，地勢平坦，呈平原狀態，所到之處皆為苗人開墾之良田，阡陌縱橫，其中以水田居多，四處可見苗人於其中耕作。中國於今苗人分布最多者，當為此附近一帶，因而此地乃研究苗人之最佳場所。此地各苗間有部分差異，然差異最大者似為「花苗」。房屋樣式與前述無大差別，村落亦呈零星分布狀態，或七、八戶為一村，或十二、三戶成一寨。風俗亦如前述，幾乎相同，故不贅述。此一帶地勢相較貴陽府無明顯高低差別，充其量僅相差二百公尺左右。是日行程六十里，到安平後投宿。

八番「打鐵苗」婦女（作者拍攝）

第二十章

明代遺民「鳳頭雞」

十月三十一日晨起，收拾行李後即從安平出發。朝霧濛濛，四周景色全不可辨。貴州地處山區，水氣蒸騰現象嚴重，通常一日間有半日被濃霧遮蔽。此時正值清晨，兩三百公尺開外之村落模糊不清，接近正午時濃霧始散去，逐漸可見晴空。是日所見者乃漢人與苗人之村寨，多數為兩兩相鄰。對照彼此又別有一番情趣。

於霧中行進到飯龍塘。此處係漢人之一個小集鎮，約五、六十戶人家，亦有苗人雜居。房屋結構與過去所見者差距很大，屋頂、牆壁等皆用石灰岩薄片壘砌築就，非常醒目。離開集鎮到郊外一看，道路兩旁村落皆苗人居所。

繼而又到四處做各種調查。須特別記述者乃此處有一部落，稱「鳳頭雞」。當地漢人與苗人稱之為 Feng Tou Ji。此名稱來源於當地婦女前髮高束，形如鳳頭，故此部落有

「鳳頭雞」之謂。余過去調查時從未見過此類部落，今日始見不免興味盎然，而在此後路途中又多次於各地見到「鳳頭雞」聚落。

余調查此群落風俗並拍照後發現，「鳳頭雞」並非苗族群落。此群落或有部分人與苗人混血，然數量極少，原本為純粹之漢人，擁有十分奇特之歷史。如前所述，貴州至明代始在事實上成為漢人領地，而在此之前名義上為中國領土之一部分，然事實上悉屬苗地，中央政府實際管轄權並未涉及此處。漢人大舉征伐貴州苗人，乃明太祖洪武年間前後之事。當時政府派遣眾多士兵，經多年苦戰逐漸征服苗人，但擔心苗人一有機會即可能再次反叛，故留置士兵屯田於此以作守備，使之長期鎮壓苗人，為此允許士兵隨帶妻子、孩子，過上家庭生活。當時所派之士兵以江南人為主，其中多數出身鳳陽府。然而當時進入貴州之漢人，除軍人外並無從事農業者，故士兵只能一面耕作，一面守備。於漫長之歲月裡，渠等及其子孫不知何時已然變為貴州農民。此事尤須關注：漢人存在貴州中部，主要起因於以上事件，其土著化之士兵子孫即今日之「鳳頭雞」群落。此群落婦女如鳳頭般高束前髮，乃明代初期江南女子之盤髮方式。貴州係中國窮鄉僻壤，「鳳頭雞」保留祖先遺風，五百年後至今不改，可謂明初江南盤髮方式於渠等髮間留下之殘跡。與此相類之情況於雲南亦可發現。雲南有一部族稱「民家」，亦屬漢人。渠等祖先於明洪武年間為守衛雲南，自南京一帶遷徙至此。根據以上情況判斷，漢人得勢於貴州、雲南兩省，乃明洪武以降之事。此後因時勢變遷，明朝為清朝所滅。伴隨清兵進入貴州，中國各省農民亦一道相續大量來到此地，而過去於洪武年間駐屯之明代遺民，則為清代漸次遷徙之多數移民壓迫與蔑視，就如我國幕府時代特殊群落遭受差別待遇，於今陷於悲慘境地一般。不僅如此，而且渠等還因身處窮鄉僻壤，未能接觸新文化而原樣保留明代江南地區風俗，如「鳳頭雞」髮型，故被新住民視為異類——如有鳳凰頭之鳥之一種，以至於雖為同一民族，然一般中國人皆忌諱與其通婚。不因罪而得以欣賞流放地之明月，固然可謂風流，然渠等卻可謂因國家於此窮鄉僻壤屢受苦難，以至於文化落後，被人視為特殊部落，實乃悲慘之至！因長期處於困境，渠等日益愚鈍，無從進步。而對人類學家與歷史學家而言，此類研究乃最值得關注之極好題目。

「鳳頭雞」房屋與普通漢人農舍相同，並無特殊之處。男子裝扮與當下貴州一帶漢人相比亦無差異。惟女子裝扮頗有不同，其最顯著差異乃前述盤髮方式。此盤髮方式乃一種古怪方式，於現代中國婦女整體中全然未見。其次，其耳環較大，頭上包裹白布，衣服帶有明代江南地區古老遺風，袖口寬大，服色或赤或綠。一般而論，渠等足大而發達，絕無漢人婦女纏足之現象。無論男女，性格皆豁達，喜好與人接近。然於另一方面，亦有遇事誇張喧囂之傾向，此乃無知無識者不可避免之現象。茲舉一例：余調查渠等部落時，恰遇廣西土匪蜂起，漸次蔓延至貴州境內。為此渠等群情激昂，各自手持傢伙，從各村落出發集中某處，舉行盛大示威活動。見此情狀即可明瞭渠等乃如何野蠻，如何愚昧。其喧囂方式實乃誇張莫名：眾人聚於一個山坡上，相互擊鼓鳴鑼，或有人發出起鬨聲，或時而空炮隆隆作響，虛張聲勢，大有迎頭痛擊即將來襲之匪賊之架勢。僅聽聞匪賊要來而未見其蹤影，卻有如此風聲鶴唳之表現，其喧囂之誇張，其行為之愚昧，幾可謂無以言表。見此一斑即可推知渠等知識之幼稚，其未開化程度與苗人幾無二致。

結束「鳳頭雞」調查後，旋踵趕赴安順府，於午後四時到達，是日行程約四十里。概括說來，今日所至之處有苗族之一部「狆家苗」寨子與漢人農舍相混合之聚落，以及「鳳頭雞」村落，得見過去見所未見之奇異風俗，知曉有此特殊群落之存在。此「鳳頭雞」地理學分布惟西始於安順府，東終於安平縣。換言之，今日行程穿越「鳳頭雞」分布線中部。

第二十一章

安順府地理位置與「青苗」及其口頭傳說

安順府乃貴州西部一大重鎮，亦為與東部地區鎮遠府遙相呼應之樞紐要地，係該地區政治、軍事、商業等中心，眾多漢人自四面八方聚集於此，物阜民殷，故設有知府、知縣衙門，市區四周繞有磚築城牆，形同要塞，堅固無比。無庸置疑，安順府之設立，乃明代以降之事，之前與貴州其他都市相同，咸為苗人大本營。

此附近一帶與貴陽附近相連，共為石灰岩大平原。若以安順府為中心進行觀察，其前後左右眾多河流皆發源於此，向不同方向流淌，故沿各河流行走，可分別到達四川、廣西、雲南等省。從地理學角度說，此地與貴陽府一帶相同，亦可謂一處分水嶺地界，且交通最為便捷。此地海拔一千二百公尺，比貴陽府高出二百公尺左右。

安順府城區位於形勝地勢，頗繁華，然走出市區不足一里，即為苗族村寨。此地苗人一般自稱 Tube，又稱貴定縣所在地為 Xinbe。居於此地之苗人分為兩大群落，一為「青苗」，一為「花苗」。茲介紹此兩大群落之調查概況。

「青苗」村寨位於安順府南面，附近地勢極為平坦，地面由石灰岩地層構成，海拔約一千二百五十公尺弱。此地稱「青苗硐」，村寨分為兩處，戶數各自不滿百戶，風俗與前述無大差異，然引人注目者仍為婦人。其服裝與「青苗」相同，而體格稍有差異。渠等容貌與「花苗」相比，醜陋不堪，身材短小，鼻翼橫闊，口大，臉扁平。謂其身材短小，乃因其下身相較上身極短而致。僅就上下身比例失衡、軀體平闊而言，即會使人產生醜陋之感。房頂仍以茅草鋪葺，室內狹窄，極不衛生。然渠等勤勉於農事——附近田地皆為其所開墾，終日出沒於田疇之間，使用水牛耕地。地勢雖曰大致平坦，然處處皆有石灰岩小山丘隆起，樹木極少。該小山丘岩石下散落著苗族村寨，遠眺時有一種美感。此點亦稍可觀。

此地苗人間有一趣聞，自古至今口口相傳。據渠等所言，其祖先過去乃兄妹二人，結為夫婦後生子。然其子並非人類，而是樹木。該樹木後分為九段，成為各苗族祖先。之後產出之孩子等相互通婚，形成今日 Mon 族後自成一族。該 Mon 族即前述苗族總稱，該九大群落即指「花苗」、「青苗」、「紅苗」、「白苗」、「黑苗」等。又問九大群落產出之當時情景，答曰：當時有兩座山，吾等苗人各自居於兩山前後。雙方有事商量欲往來時，必翻越此山相會。不料某日一人外出，不知何故於走路時墜落山下。此時有一鳥稱 Ranpan 從天而降，將跌落谷底、人事不省、奄奄一息之墜者救出。此鳥似鷹，故吾苗人從此皆崇敬該鳥，視其為救助祖先之神明，至今祭祀不輟。又，吾等自古至今，子孫相續安居此地，而至明代，漢人陸續遷徙至此。吾族為避其害，多遷往南方各地。又據往昔口口相傳，與吾種同宗之人多居於 Xiotuo 地區。余未曾想到，於渠等之間居然流傳著如此有趣之傳說。

第二十二章

安順「花苗」及其圖紋、樂器

安順「花苗」聚居於府城北部，漢人稱之為舊寨，苗人則自稱 Tasaiku。此聚居村寨約四、五十戶人家，地勢仍較平坦，然村落所在地有一高丘，由石灰石構成。

「花苗」體格與容貌，於各苗中最為良好與美麗，其風俗亦隨之美好。如其名稱「花苗」一般，渠等禮服及其他飾物皆施以美麗刺繡，五彩斑爛，令人賞心悅目。其繡品雖使用經漢人之手、從漢人地域購買之絲線繡製而成，然其美麗從任何角度觀察均可視之為紡織品。需關注者乃刺繡圖紋中雜有苗人傳統圖案，然該圖紋乃在漢人圖紋基礎之上加以完成。而且引進之漢人圖紋，亦與當下流行於漢人地域之圖紋大異其趣，即所謂之蔓藤花紋。依余之見，其圖案與色調搭配似乎來自隋唐時代。我國奈良時代遺物中，藏於正倉院、法隆寺等舶來織物圖案與此完全相同。如今苗人使用此類圖紋，說明當時苗人接受之隋唐文化至今仍在發揮作用。中國古代多使用雷紋、渦紋與三角形、圓形圖案，或搭配使用龍虎一類之動物變形圖案，乍一看似乎意趣豪邁，然從構思水平說，毋寧可謂之幼稚。謂何出此言？蓋緣起古代中國人引進西域文化後，自身紋飾圖案與形制產生一大變化，最終催生出隋唐時代絢爛藝術那一段歷史。翻檢六朝、隋唐時代圖紋與器物等，皆可於其圖紋與形制上發現西域文化之意趣。觀察今日保存於正倉院與法隆寺等奈良時代器物、織物之圖紋，並相較於上述各國器物時，可間接證明上述地域間之關係。然而後世中國，例如明代之後之中國與他國之關係不如以往，似乎力圖恢復中國原有之狀態。觀察斯時器物、圖紋等，可以發現斯器物、圖紋已被全力恢復為漢代等中國固有之器形、圖紋，即恢復為在與西域交往之前之狀態。就此問題，過去未聞有人評說，然依余之見，其與日本情形如出一轍：日本奈良、平安王朝與隋唐交通頻繁，故其文化深受隋唐文化影響，專事模仿中國圖紋，而及至藤原時代[1]，反倒恢復為日本固有文化之態貌。而如今苗族間尚略存六朝、隋唐時代圖紋之意趣，實為有趣之現象，其與我奈良時代遺物一道，最值得學者研究考證。

---

[1] 藤原時代，是日本史特別是日本美術史的時代劃分之一，指平安時代中後期。當時藤原氏作為「攝政」、「關白」執掌朝政，在文化各領域擺脫唐代影響，從此形式優美的日本式樣占據主流地位。此即所謂的「國風文化」時代，也稱「攝關」時代。

舊寨「花苗」婦女（作者拍攝）

另須關注與研究者，乃苗族間當下行之廣泛之染織法。渠等熟知澆蠟於布上，之後隨心所欲繪出圖案，以及使用各種畫具染色之技術。我奈良時代之蠟纈[2]，亦與上述古代圖紋關係密切。就此史實，中國宋代朱輔曾於其著《溪蠻叢笑》[3]中有過記述。溪蠻指湖南沅水蠻，即居於貴州山嶺之蠻族，亦即今日辰州、沅州附近之苗族。當時不如今日，進入貴州並非易事，故朱輔僅止於瞭解其周邊狀況。《溪蠻叢笑》有以下文字：「點蠟幔，溪銅鼓甚金玉，模鼓文，以蠟刻板，印布入靛缸漬染，名點蠟幔。」由此可知湖南苗人於宋代即行此染法，而至今日仍不改其技術，依舊實行舊法。

再需關注者乃渠等使用之樂器。樂器有兩種，一為橫笛，一為笙。而笙殊為有趣。如「八蠻苗」一章所述，笙由六根小竹做成，以木皮捆紮，相較日本與中國中部之笙，其形極大，其製法亦極簡單。吹奏時聲音低沉。笙主要分布於中國，而中國今日不用於日常生活，而僅用於奠典等祭祀活動。然據古籍記載，中國古代一般家庭普遍將笙用於娛樂活動。日本過去亦使用笙，祖家乃中國，笙並非日本傳統樂器。除中國西南地區

2 蠟纈，圖紋染法之一。指在木版上用蜜蠟摹寫圖紋後將其浸入染液，經防染後以熱除蠟的染法。起源於古代印度，經中國傳入日本，盛行於日本飛鳥、奈良時代。如今仍在日本使用。

3 《溪蠻叢笑》，一卷（編修程晉芳家藏本），宋朱輔撰。輔字季公，桐鄉人，其仕履不詳，惟《虎丘志》載所作〈詠虎丘〉詩一首，知其為南宋末人。溪蠻者，即《後漢書》所謂五溪蠻。章懷太子注，稱武陵有雄溪、樠溪、酉溪、潕溪、辰溪。

「蠻族」外，其他國家如暹羅、緬甸、安南等亦使用笙。此類國家笙形皆大，與苗族相同。故可謂笙廣泛分布於中國人所謂之南蠻地區與印度支那國家。據此可以認為，上古中國使有之笙並非漢民族所創造，而明顯來自苗族。印度支那民族與苗族所用之笙彼此相似，與人種相似有關。

如「八蠻苗」一章所述，此笙有趣之處還在於苗人用之於舞蹈。苗人生性喜好音樂，男子於孩童時即開始學習吹奏，並以此作為一生中惟一之娛樂。余所到之處無一戶無笙。渠等稱笙為 En。苗族男子喜好笙並非全無道理。有些話聽來頗有趣，帶有詩意，與我國藤原時代風流男子所作所為有相似之處。笙係渠等大婚前之必備之物。於欲迎娶自己所戀之女子時，男子一定會在月光皎潔之夜晚，站在女家門前吹笙，如癡如醉。有時多名男子愛上同一女性，則會不約而同聚集於該女子門前，相互吹笙以作競技。其情狀有如《竹取物語》[4]中五位公子哥兒，非常有趣。據說女子能辨識笙曲音調，從中選出音調最流暢優美者作為自己一生可託付之人，與其共結偕老同穴之好。由此優美動人之風俗，可以推知渠等性格溫和質樸。

4 《竹取物語》，二卷，作者不詳，日本平安初期輯撰而成。說是某伐竹翁某日在竹節中發現一小型姑娘，養大成人後名曰「輝夜公主」。公主對前來求婚的五位公子分別提出五個難題，使其各自知難而退。此後因不從天皇召喚，於八月十五夜晚羽化升天，返回月亮世界。

第二十三章

「花苗」風俗

安順「花苗」與居於青岩之「花苗」風俗略有不同：男子髮型全然保持傳統樣式，即歸集大部頭髮於後腦部，將剩餘頭髮以某物固定於前額。耳嵌巨大銀環，衣服棉製，或青色或灰色，長達足部。袖長，於腕部捲起，衣襟合於前部，腰帶以棉線繡出圖案，其端部亦有赤色刺繡，且有穗。腰帶長度可環繞軀幹三圈，其結法奇特，不打結而將其端部插入背部。長褲開襠處不分叉，如筒狀，緊身。脛部紮綁腿，或跣足，或穿草鞋。有人頭戴馬毛編織之鴨舌小帽，但多數人不戴帽。

安順附近舊寨「花苗」村落（作者拍攝）

女子衣服與男子無異，僅下衣與其他苗群相同，著裙裳，裳有襞皺。惟相較其他苗婦裙裳特長，其裾曳地，裙裳上紮圍兜，長度與裳裾相同。耳嵌銀環，頸部亦圈銀環，腕圈手環。其髮型與其他苗女差異極大：使用某種篦梳插於髮間，特意使篦梳兩端伸出頭外。此篦梳係此處苗女自行製作，施以赤色塗料，頗美觀。其插法有如日本「櫛卷」[1]，乃將篦梳橫插於髮際中央以固定頭髮。有時除天然頭髮外也使用假髮。該假髮亦與日本

1 「櫛卷」，女性盤髮方式之一。指不使用髮繩，而是用梳子將頭髮捲成圓狀後固定在大腦後部的一種簡單盤髮方式。

所夾入之假髮相同，然數量並非幾根，而是幾股，編成束狀，頗費功夫。

以上乃苗人日常服飾。然富人或於祭日普通苗人所用之服飾則有特別講究。渠等競相穿著帶刺繡之服裝，視之頗覺鮮麗華美。而不少奴隸則穿著以麻編織之半短裝衣物。苗人男女共同勞動，尤以婦女最能吃苦，有刻苦耐勞之良好風氣。

渠等運輸物品時不用扁擔或木棒，而以一條繩索捆紮物品後背負肩上，行走自如。該做法非常巧妙，乍一見可稱為奇觀。苗人但凡有一條繩索，即可輕鬆搬運物品。繩索以稻草編成，苗人稱之為Shanhai。而盛稻米、穀物時則使用麻布袋，與日本之米袋相比毫無二致。苗人背負米袋之形態與大黑天神[2]姿態相似，見之不禁令人捧腹大笑。

渠等房屋如「青岩」一章所述，亦為不完整之二層建築。二樓僅供儲藏穀物與夜間就寢所用，其逼仄狀況難以盡述。一樓分三間，中間為勞作場所，左右兩間分別為廚房與牲口棚圈。此一帶樹木少，故牆壁皆以石材壘成，屋頂鋪稻草。又如上述，苗人已然進入農耕時代，故以大米穀物作為主食。渠等性格溫和，絕無與人爭吵之事，相互和睦生活；容貌亦美，尤以安順苗女為苗群中最美之女子。此外衣服亦華美，不似其他苗人，頗清潔衛生。渠等僅於本族群內部通婚，不願與他苗結成婚姻，更遑論與漢人結

[2] 大黑天神，七福神之一，常以坐臥於米袋之上，右手執搖晃後即可隨心所欲變出任何想要的東西的小鼓、左肩背負大袋子的姿態出現。

親。此「花苗」普遍有避諱與漢人成婚之風氣。

十一月四日清晨離開安順府。是日余為研究苗人語言，特邀「花苗」酋長阿連結伴同行。與此前相同，余一行向西面行走。此一帶地層仍為石灰岩，地勢平坦，然因地不同也有丘陵。樹木少，惟雜草叢生，萋萋茫茫。丘陵稍高處散落有「花苗」村寨。此地為苗嶺延伸地帶，位於苗族分布線內，故隨處可見苗人精心開墾之田地與聚眾來到田間辛勤勞作之苗家男女。

是日夜宿鎮寧。鎮寧乃位於丘陵上之一個小集鎮，係漢人聚居地。余擬於翌日五日，由此向南面之紅岩山進發，觀看山上之著名古代文字。

第二十四章

探索古文字途中所見之「狆家苗」人

到鎮寧以南後，地勢變化頗大。如前述，余等翻越沅水發源地之分水嶺，來到貴陽府時地勢陡然一變，斯地雖說海拔在一千公尺以上，然皆為平原，頗有曠野之感覺。之後經安順到鎮寧之前，地勢仍為平原，不過一旦離開鎮寧向南行走，則地勢陡然轉為險峻，地層雖為相同之石灰岩，但凹凸極為不平，如入深山。余等沿珠江支流北盤江南下。

十一月五日，離開鎮寧前往紅岩山。途中經過漢苗混血兒居住之破敗村寨，行走間又遇上許多「狆家苗」人。據說「狆家苗」與貴州其他苗人來源相異，原先居於廣西，之後方陸續移居貴州。遷徙路徑為蒙江流域及其他途徑，然北盤江於渠等而言，似為交通最為便捷之通道。如今於北盤江江畔仍可見到大量「狆家苗」村落。

「狆家苗」於此前貴州城外一節已有敘述，但相較此地之「狆家苗」與貴陽府附近之「狆家苗」，其種類雖相同，但風俗及所掌握之知識差距極大。鎮寧以南之「狆家苗」知識程度極低，且擁有自身傳統風俗。與「青苗」相同，斯婦女頭部四周剃髮，頭頂僅留不多毛髮，並高高束起，且有黑布裹纏於上。衣服棉製，黑色，圍裙長可曳地。斯衣服與圍裙皆有蠟染圖紋。染料係藍葉汁，由婦女親手漂染，其圖紋以蠟纈定型。

「狆家苗」衣物某些特徵尤為值得關注：該圖紋為變形渦紋或雷紋以及三角形、圓形等，搭配精美，乍一看與上古銅鼓與日本出土之銅鐸圖案相同。同為施於衣物之圖案，然其圖紋與前述「花苗」刺繡所用藤蔓花紋大異其趣。據余考證，此類圖紋係中國最古老之圖案，似為中國未與西域交往之前所用圖紋。斯圖紋乃遠古時「狆家苗」自漢族地區引起？或是「狆家苗」祖先根據自身創意做出，即作為本民族固有之物流傳至今？值得人類學科高度關注。然而令余回答，余寧願相信此乃「狆家苗」固有之物。

又，猶需關注者，乃如之前貴陽府城外「狆家苗」一節所述，渠等擁有銅鼓之事。如今貴州苗族中使用銅鼓作為樂器者僅「狆家苗」一族，其他苗人絕不使用銅鼓。斯銅鼓圖紋與今日渠等衣物以蠟纈染出之圖案如出一轍，其間必有某種深切之關係，值得大力研究。

第二十五章

紅岩山上古文字與彝人之關係

今日之主要目的，乃觀看紅岩山上之古文字。因此一面順道調查「狆家苗」，一面疾行於山路。越向南行走，山巒越多。翻山越嶺時，途中看見某斷崖處有一線瀑布轟然作響下落。其落水形成一條溪流向南方奔流。此即北盤江上游，最終流向廣西後，匯入珠江。余沿此溪前行，過晌午時到達紅岩山下。由此可知該道路如何艱險。

紅岩山屹立於北盤江左岸。從山上望去，著名之關索嶺即在眼前，似乎觸手可及。此附近一帶地勢最為險峻，北盤江兩岸之懸崖幾近直角，崖下形成一條悠長深谷，崖頂距澗底有一千餘尺，江水奔流其間，捲起浪花如噴撒雪花珠玉。從崖頂俯瞰江水時頭暈目眩，心跳不已。地勢如此險峻，但不妨礙有人尋地利之便生存於此。於此河谷間余即發現有兩處「青苗」與「花苗」村落。紅岩山地質為石灰岩，其色極紅，山名即源於此。山上幾近懸崖絕頂處刻有古代文字。欲見此文字，須從山下不畏艱險攀登險峻坡道上山。余決意在兩名衛兵引導下，攀登此險峻坡道。

說是險峻坡道，其實全無道路。余等撥開叢生之枳殼小喬木奮力向上攀爬。漸至絕頂時，發現懸崖峭壁宛如屏風並立，上面刻有圖示之文字。文字極大，每字約五六尺大小。一如前述，至刻有文字處全然無路，險坡上枳殼樹叢生，但從山勢觀察，可以推定過去曾修有一條不完整之山路。

以下就古文字談些看法。

該文字存世為人所知乃近代之事，不僅日本學者知者極少，甚至中國識者中對此亦尚無明確結論。貴州門戶至明代始開發，後乃逐步歸入版圖，此文字為中國人所知並有拓片流傳於世，是清代以後之事。中國金石家對此之評論則見仁見智，莫衷一是，至今未有結論。《永寧府志》、《安順府志》及近期刊行之嘉魚劉心源所輯《奇觚室樂石文述》等皆有拓字並加以解說，或說乃蠻人所刻，或說乃中國古代文字，但並未提出正確之論據，亦無科學之解釋。最近有金石家稱其係殷代文字，謂殷高宗征服鬼方後，於歸途中登上紅岩山，在岩石上刻下其遠征功績，以此向蠻人顯示其赫赫軍威，並說此為僅次於湖南衡山夏禹王碑之最古老文物。

對中國金石家之各種學說，余略有不同意見。一如前述，貴州原為苗地，明朝初期始著手開發，之後至全面討平苗人尚須多費時日，及至達到目的，已是明末時期。征服如此困難，一有貴州四面皆險峻高山，交通不便，難以進入之原因；一有人類學方面之原因。貴州整體皆苗地，苗人過去廣泛分布此處，自明至清雖深受漢人壓迫，但仍有許多苗人於此地繁衍直至今日。而於殷代，漢人僅在黃河流域一帶活動，故難以相信漢人能將其勢力擴張至如此遙遠且交通不便之苗人腹地。惟其如此，余礙難想像，當時殷代漢人能到此地刻出此古文字。需關注者反倒是「彝人」。渠等之間過去流傳一種傳統文字。其文字如漢字，一字一

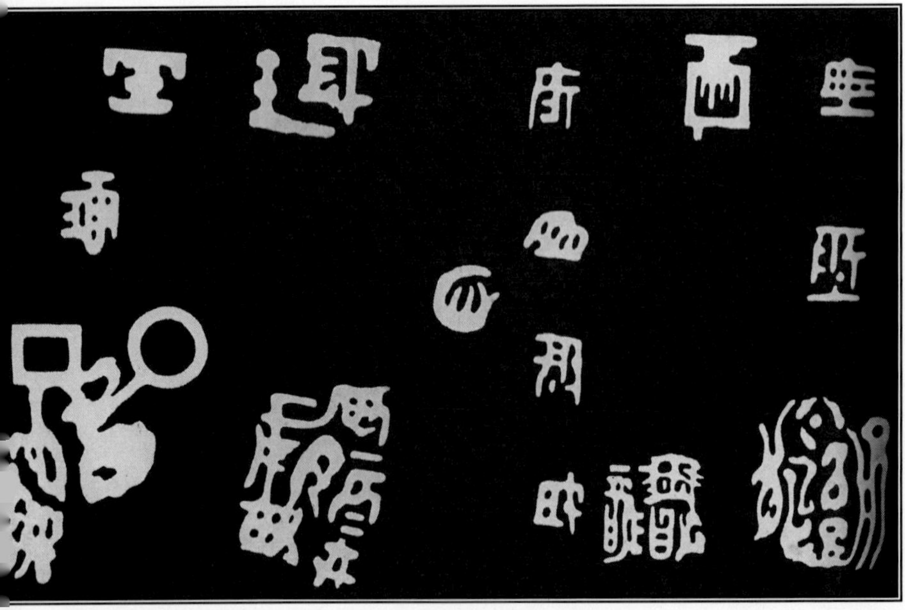

義，即一種所謂之表意文字，性質略與漢字相似。彝族有此與漢字相似之文字值得關注。尤為值得關注者，乃渠等擁有以其傳統文字記錄、如同日本《神代記》[2]一類之書籍。讀此書籍可知渠等祖先之生活狀況。「彝人」之分布始於此附近一帶，此後向雲南、四川方

1 劉心源（一八四八—一九一五），清末民初著名金石學家、文字學家、書法家。一九一二年一月十日領導了湖北保路運動，辛亥首義成功後被舉為湖北議會議長、國會會員、湖北首任民政長、湖南巡按使，為官四十載，清正廉潔。刊行著作有《古文審》八卷、《樂石文述》四十卷、《吉金文述》二十卷、《凡誨書》十卷等。

2 《神代紀》，無此書，它指《古事記》、《日本書紀》中記錄日本自古開天闢地至神武天皇時代之前的神話故事傳說。

紅岩山部分石刻文字（轉引自劉心源[1]《奇觚室樂石文述》）

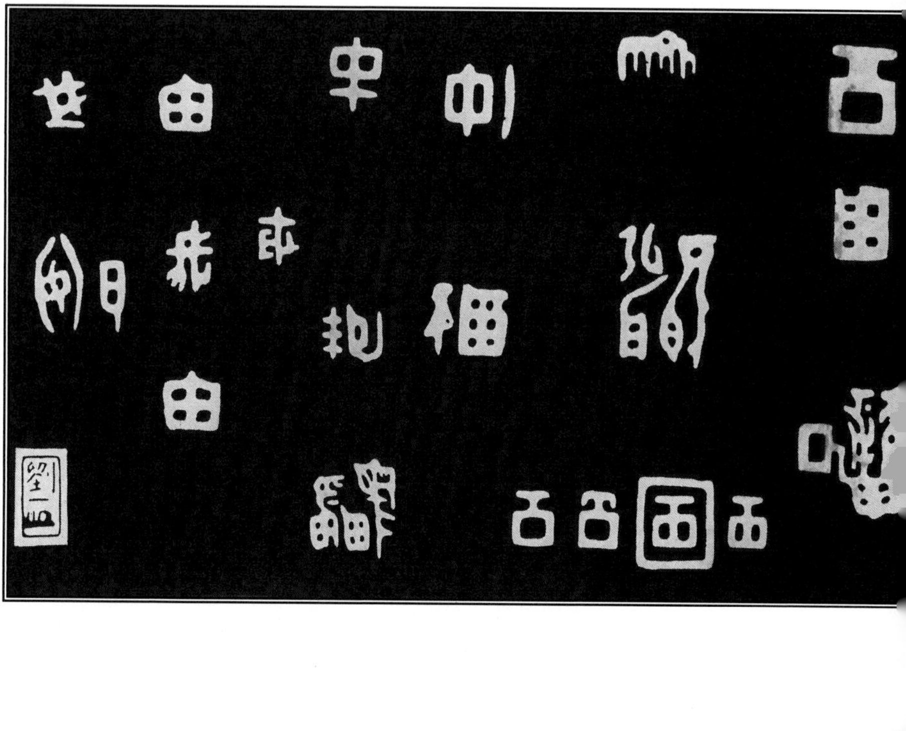

向延伸。瑤族分布於廣西、廣東等省，亦有自身古代文字。由此事實考量，紅岩山古文字或由渠等雕出亦未可知。余今日未便確言之，但相信作為研究資料，其具有重要價值，有關該文字之組合及形態等，擬待他日詳細敘述。今日僅止於向讀者介紹北盤江上游偏僻一隅且為苗族大本營之地，有如此值得學界關注之古代文字刻於岩石之上。

第二十六章

諸苗與「里民子」

結束紅岩山古文字調查後，下山行走約二百公尺，看見一個「青苗」村寨。十四、五戶人家，皆草房，屋頂鋪稻草，其結構與內部陳設等與前述苗人建築無大差異。惟不同者乃附有倉庫。倉庫以竹編成圓形，表面塗有泥巴，頂部仍鋪稻草。其形態與法屬北部越南之建築非常相似，二者間似乎存在某種人類學方面之聯繫。余於此村寨進行各種調查後又返回北盤江下游，進一步又決定攀上聳立對岸之關索嶺。攀登此嶺之小路在懸崖間，僅容雙足行走，一步踏錯，即墜入谷底，粉身碎骨，非常危險。登頂後始舒口氣，自懸崖旁俯瞰方才攀爬之道路，只見壁立千仞，下方之北盤江水如激浪堆雪奔向南方。站在如此危險之崖頂，令人感到頭暈目眩。之後又向上攀爬一千餘尺，到達關索嶺頂部。頂部乃一大塊平地，其間有村落。此時已近日暮，故余決定在此村落投宿一夜，翌日向郎岱進發。

十一月六日從關索嶺上方之村落出發向郎岱前進。道路通向北方，余一行在山頂行走一段時間，正待離開關索嶺時，無意間來到一處「黑苗」村寨。此附近一帶之「黑苗」開墾出大片田地，其風俗與此前所見者無異，然其性格極其「懦弱」，一見余等一行身影即飛奔出逃。好歹追上渠等時，「黑苗」又頭觸地面，平伏不起。此乃「畏懼」漢人之結果。結束村落調查，欲再次進山時不知從何處斷斷續續地傳來笛聲。此乃苗人口銜樹葉發出之鳴叫聲。據此可知渠等散居此附近一帶。

再向前行走，來到一個「狆家苗」村寨。眼下正值秋收季節，渠等正忙於收割，各自在山頭、原野辛勤勞作。其風俗與前述相同，然余在此見到一件珍稀事物：蠟染之生產方法，今日始得以親見。具體做法是以熱熔蠟，使其流於布面，之後於蠟面刻出圖案，復後又加以藏青染料，最終染成，頗為巧妙。

從關索嶺行走三十里後，到某一山頂。穿越山頂後道路急轉直下，余等改在山腰道路行走。此後又攀登一段坡道，來到一處平坦地帶。此地稱坡貢，有漢人村落，係與苗人混居。居民雖自稱漢人，但幾乎皆混血而成，並非純種漢人。此一帶亦有「白苗」群落居住，因此余就此展開調查。「白苗」生性「遲鈍且懦弱」。余等甫走近時即與前述「黑苗」一般出逃隱匿，再不露面。以此可以察知渠等文化如何落後，又如何畏懼其他民族。「白苗」衣服僅用麻布，不染色，不施任何圖案。此即「白苗」名稱之由來。

余原擬在此留宿一夜以做各種調查，然因趕路決定放棄，繼續向北方進發。途中見到人稱「里民子」之村落。「里民子」乃明朝遺民，亦為純種漢人，當時已作為土著於此自成聚落，而今則或多或少與苗人等民族混血。從此村落到今夜預定投宿地之郎岱還有很長路程，而且一路上了無人煙，山路寂靜，加之天欲下雨，日色昏暗，故加快腳步急忙趕路。無奈於中途日已西沉，伸手不見五指，一行人步履蹣跚失去方向，因不知何去何從皆感手足無措。至此只能收集附近之竹片與碎木充當松明，待照亮道路後方得以繼續前進。至深夜十時後方到郎岱。

郎岱乃漢人聚居之一處城堡，係過去為鎮壓苗人而建。按中國習慣，但凡城郭入夜後即閉鎖城門，禁止人員出入。余等夜間冒雨一路摸索在山路行走，好歹來到此城郭，然不出所料，城門果然緊鎖，敲門後亦無人應答。困惑間恰好有人出城，故向其說明情況要求開門，如此方得以入城，求得一旅店投宿。是日行程一百里，於此次旅途中行程最遠。

第二十七章

郎岱諸「蠻種」

昨日十一月七日於旅途中發現有「狆家苗」、「黑苗」、「白苗」、「里民子」等不同群落散居各處，可以推斷北盤江流域過去即各「蠻族」聚居地。因此決定今日一整日待在此處，對各群落進行身體測定與拍照等。為此當地官府從各處招來不同之「蠻族」，為余調查提供極大便利。招來之種群有「狆家苗」、「花苗」等。

居住此地之「花苗」習俗與安順、貴陽府之「花苗」略有差異：男子盤髮方式與重安一帶「黑苗」相似，將頭髮圓盤額上，如同寺廟門後之哼哈二將。衣服皆以麻布製成，不施色彩。女子衣服亦用麻布製成，總體皆樸素。婦女盤髮方式是：於額部將頭髮分為兩部分，使其聚攏於腦後，將剩餘之頭髮盤在四周，插進梳子以作固定。少女盤髮方式是：將腦後頭髮剪短，與日本寡婦髮型相似。相較安順一帶「花苗」，其生活水平極低。其次是「狆家苗」，其風俗與前述無大差異，然性格極其「懦弱」。每每余欲接近時即渾身顫抖，戰戰兢兢，一言不發。

於此地又見到「里民子」群落，其風俗可謂漢苗雜存。男子與漢人無大差異，而女子則大有苗風：年輕女子將頭髮於額前兩分後，使其堆積於髮髻處，剩餘部分垂於腦後。然已婚婦女與普通漢人婦女盤髮方式無異，頭裹白布，穿漢人婦女衣服，相異處僅在於紮圍兜，穿類似於日本之綁腿褲，或跣足，或穿草鞋；相貌與漢人相同，但偶爾也可見到與苗人混血之「里民子」。

初見彝人

於此處得以親見紅岩山古文字一節中所述之彝人。此地男子風俗與普通鄉村所見男子無大差異，而女子盤髮方式則甚為奇特：於額處將頭髮兩分，額部以下部分辮髮，其餘頭髮則盤入頭部四周，酷似臺灣「生番」盤髮方式。余到貴州後見過各種「蠻族」，然皆苗人群落，風俗習慣上雖各有特色，但於體格語言上無大差異。而今日始見之彝人，不僅於相貌膚色上與苗人差異極大，而且其語言亦與苗人有極大區別，想來彼此間祖先各異。彝人與苗人於體格、語言及其他方面有顯著差別，乃人類學界最有價值之研究問題。

余至郎岱始見彝人，蓋渠等分布於郎岱以西所致。根據雲南、四川兩省「蠻族」主要係彝人此一事實分析，亦可證明余之所言不虛。不過，郎岱一帶之彝人勢力尚顯薄弱，其村落亦在少數。與之相反，此附近一帶卻可視為苗族重點分布地之終點，並可預想，自此向西至雲南其數量會逐漸減少。因此郎岱一帶乃調查苗人之最重要場所，一旦向西則會相應增加調查之難度。總之，從地圖看，郎岱位於聯繫貴州、廣西、雲南、四川四省交通樞紐，流經該地之北盤江發源於雲南東部，接近水城，而水城又位於流經四川之涪陵江上游。因北盤江東流進入廣西，故利用水流之便，雲南姑且不論，自四川抑或廣西至郎岱亦絕非難事。由於良好之地理位置關係，各「蠻族」不約而同從各地聚集此處，郎岱如今已成為一處民族展覽會場，人們足不出戶即可調查各民族之特點。至於彝人，則可以推知其乃從祖居地雲南沿北盤江遷徙至此一帶。如今，北方水城一帶亦有彝人分布，故可謂郎岱附近一帶，不僅於調查苗族方面最為便利，而且於研究苗人與彝人相互衝突情況方面，亦成為最恰當且最引人入勝之場所。

第二十八章

「狆家苗」及其集市

十一月八日上午七時，從郎岱出發向西前進。一路上余等沿山道不斷向左上方攀登，行進中發現道路左方有「狆家苗」村寨，約六、七戶人家，散布各處。晚秋楓葉經霜，層林盡染，山野如錦似繡，一派大好風光。

翻越重山後到打鐵關。此處比郎岱海拔高二百公尺，由此可知方才攀登之山路如何崎嶇艱險。此一帶地質仍為石灰岩，山路盡頭有一座祭祀山王之小廟宇。前方海拔一千四百公尺處山峰林立，重巒疊嶂，略平坦處亦凹凸起伏不平，其間散布著星星點點之人家。由此下山，坡道居然比上山時更陡，忽忽間竟跑下五里路，來到一條溪流畔。此溪乃北盤江上游。從方才翻越之最高峰即有山王廟之地方到此溪流旁，高度約下降八百二十公尺，故可想像下山坡道如何陡峭，亦可想像溪流如瀑何等湍急！

北盤江上游毛口驛附近的「狆家苗」（作者拍攝）

從此溪畔復登山不久到五陵。此處亦有一條小溪，乃注入北盤江之支流之一。沿溪向下走，可見左方有「狆家苗」村寨，約二十四、五戶人家。余照例為調查進入村寨一看，發現村中僅有四、五名老人與婦女，餘皆不在家，似外出勞動。渠等見余進入村寨後立即進屋躲藏，並閉鎖門戶。余欲開門進入，但感覺有人於屋內用力頂門，終不得入，無奈只好中止調查，離開村子。復前行不久到毛口驛。

毛口驛位於北盤江右岸，附近一帶地勢整體呈丘陵態貌，乃安順府轄下最遠地區，海拔為五百公尺，比方才通過之最高峰即有山王廟之地方幾乎下降一千公尺，又比安順府低五百公尺，故可知北盤江流域呈逐漸下降趨勢。若毛口驛海拔僅五百公尺，則又可推知廣西省地勢當更低下。

毛口驛乃純種漢人聚居之集鎮，約四、五百戶人家，屋脊鱗次櫛比，屬山區一個秩序井然之小鎮。今日恰逢墟日，街道上商戶競相開張，交易頻繁。為溝通買賣，貴州依例定於每月某日於某處舉辦集市，即今日在此處，明日在彼處，每日皆有集市開張以進行交易。集市中漢人、苗人及各群落山民帶來各種產品，或農作物，或手工織品，或其他手工製品等等，有貨幣銷售，亦有物物交換，進行各種交易。例如，欲買二丈六尺或二丈八尺棉布時，可指定與該棉布等值之物品進行物物交換。此地漢苗多以上述方式交易。中國上古史云「日中為市」，恐指眼前狀況。

集市大凡上午十一時開張，日落時分結束。附近居民從各村寨傾巢而出，來此集市交易，實可謂山區盛況。而此景象在余等異國人眼中，實在珍奇無比。集市中商品林林總總，有砂糖、米麥、水果等，或可見有人手提一兩隻雞欲與其他物品交換，或可見有人……，等等，不一而足。其情景非有趣即好笑，若一一描繪，則堪比日本傳統工匠歌會盛景，妙趣多多。

來集市之「狆家苗」皆盛裝打扮，美麗異常。除漢人外，來集市者多為「狆家苗」，其他苗人則極少見到。故依余所見，此附近一帶區域即北盤江江畔，可謂「狆家苗」分布區域中心地帶。尤其到毛口驛後，可證明此觀點正確無誤。漢人通稱「狆苗」為「水府」，蓋「狆家苗」居住地多在水邊而致。相較郎岱附近之「狆家苗」，其風俗則大為進步開化。然於研究渠等時須注意之處較多，譬如「狆家」男子與漢人無大差異，而女子則略有區別。「狆家」女子髮型有特殊氣象，於其他「狆家苗」中不曾見過：頭裹黑布，其狀態與居住臺灣山裡之「Sebukun番」[1]女子頗為相似。腰部綁紮帶襞皺之長圍兜。過去所見之「狆家苗」衣物顏色以黑為主，而此一帶「狆家苗」則於圍兜織入茶褐色絲線，衣服不加任何圖案，不似其他「狆家苗」於衣物上增添古代中國之

1 編案：即清代臺灣文獻記錄中的施武郡番，布農族郡社群。（此處承陳偉智老師指點，謹此致謝）

雷紋或三角形、圓形等圖紋。

據此地「狆家苗」說，渠等與過去所見之其他「狆家苗」一樣，祖先並非居於此地，而從他地遷徙而來，年代於明洪武年間。故渠等自稱過去與其他苗人並非同宗同祖，與彝人亦分別其來有自。渠等不用苗族普遍使用之笙，而僅用橫笛作為樂器。此乃人類學研究時須關注之問題。至於渠等使用銅鼓一事，除中國文獻有記載外，余亦早有所聞，故向此地「狆家苗」老人或年輕人之「萬事通」求證此事。據渠等答曰，我等謂銅鼓為Nanen，於今有時還能從附近一帶土中挖出。過去祖先曾使用銅鼓，並傳至無數代子孫，而如今則被土匪掠奪殆盡，了無殘存，故我等只能使用皮鼓代替銅鼓。

居於此附近之苗人頗少，且皆「花苗」。考察其風俗時發現，其與郎岱「花苗」無異，惟衣物材料皆麻布，且製作方法比臺灣「生番」的「番衣」略有進步；再者是頸圈銀環未有特別裝飾，僅於環兩端結合部纏繞渦紋。乍一看此舉動似無意義，然依余所見，此舉動亦透露出「狆家苗」特色。何以謂之？蓋苗族普遍極其喜好渦紋，其意義與漢人喜好渦紋相似。渠等於銀環結合處纏繞渦紋絕非出自偶然，可謂渠等傳統嗜好於此處之自然流露。是夜投宿毛口驛。

第二十九章

自毛口驛向花貢

十一月九日，清晨早起眺望天空見霧未散，七時從毛口驛出發，行五、六百公尺到北盤江岸。河寬約二百公尺，水淺流急，色黃帶泥。眺望上游方向，只見山峰隔江聳立，北盤江於兩岸對峙之懸崖間流淌。而附近一帶兩岸山巒低矮，呈丘陵狀，河畔土地平坦。河上無橋，僅有破爛渡船。余自鎮遠出發以來至今未見過渡船，不料在此山中能再次乘舟渡江。因河流湍急，渡船無法瞄準對岸直航，只能先沿岸溯流而上，之後再斜線順流穿越河面到達對岸。過北盤江後，余等一行沿岸向上游地區進發。

行二百公尺左右，看見一個小村落，三十戶人家，一半為漢人，一半為「狆家苗」。渠等房屋建造極其簡單，樓下一層分為二室，其中一室乃廚房兼客廳，一室用於飼養牛馬豬等家畜。二樓有寢室，如鳥巢。牆壁皆以萱草圍搭，屋頂亦鋪萱草。自此開始，山路漸轉上坡，余等一面向後眺望昨日所見之老翁山險峰，一面向上攀爬。山路兩旁星星點點散落些許小村落。恐漢人與「狆家苗」雜居於彼。行走十五里到阿都。

阿都乃小驛站，約六十戶人家，海拔比毛口驛高二百五十公尺。此處現為漢人居住點，但過去當為「蠻族」大本營。因為地名阿都乃自當時沿用至今之古稱，並非漢語。漢人現改稱其為都亭。據老人說，此地於四、五十年前為「花苗」、「狆家苗」居住地，後因漢人搬遷至此，「花苗」逐漸向山上轉移，「狆家苗」則移居北盤江沿岸。

離開阿都走過一段山路來到花貢。此地海拔一千零五十公尺，比毛口驛所在地之北盤江畔高五百公尺，仍為漢人聚居地，約六十戶人家，但似乎渠等並非純種漢人，而多為漢苗混血兒。花貢亦有集市，與毛口驛所見之集市相同。「花苗」與「狆家苗」等聚集於此，交易頻繁。「花苗」男子辮髮，乍一見與漢人無異。「狆家苗」男子亦同。惟「狆家苗」女子風俗相較毛口驛「狆家苗」略顯開化，有貴陽府一帶苗人之風。於此地又可見到許多「白苗」，頗珍奇。此「白苗」男子辮髮，然衣服皆以麻布製作，其製作方法與臺灣「生番」衣服相似。女子髮型與臺灣「黥面番」相似，盤髮於髻處，其餘部分則纏繞於頭部四周，插入篦梳固定。女子衣服與男子相同，以麻布製作，衣物顏色亦與男子相同，皆白色，略施妝飾；性格極其「懦弱」，拍照時渾身打顫，恐懼不已，其情狀令人生憐。是日行程六十里，夜宿於此。

接近貴州省與雲南省邊界

十一月十日從花貢出發。道路漸轉上坡路。余等沿北盤江上游不斷向西進發。十一、十二、十三日三天皆往同一方向前進。十三日到達兩頭河驛。其間所調查處未遇見特別事情，以下僅記錄旅途概況。

余等經過之北盤江上游地區有漢苗混血兒村落與「狆家苗」村寨。依此推斷此一帶有許多「狆家苗」人。十三日經過之劉官屯位於海拔一千五百五十公尺高地上。余在此處又遇上「彝人」。然此「彝人」居於此地以南七十里處，而且係女性。此女性辮髮後，將其纏繞在頭部四周，並裹黑布；衣服與漢族婦女無任何差異；跣足。

自劉官屯至其以西一帶之地勢為廣袤之丘陵地帶，石灰岩四處可見。其間最高處海拔為一千七百五十公尺。從此處向西眺望，群山如波濤洶湧，延綿起伏向南方奔去，其深處最高山峰似在摩挲天際。彼即雲、貴兩省邊界之分水嶺。越過彼分水嶺即進入雲南。十三日行程五十八里，夜宿兩頭河驛。此驛站亦屬漢苗雜居之地。

十四日上午六時，自兩頭河驛出發。是日清晨無霧，天氣晴朗，實屬罕見。余於貴州旅途中從不曾見過黎明時分有如此晴空萬里之好天氣。蓋接近雲南，隨地勢變化，氣象亦自然發生變化。當日到亦資孔，夜宿於此。亦資孔海拔一千五百公尺，係山中一個小村落，勉強可稱為集鎮，屬貴州最後一個驛站，通過此驛站即進入雲南省。

第三十章

進入雲南省

十一月十五日，晴，上午六時從亦資孔出發向西前進。道路極少凹凸不平，逐漸向下，但須臾間又轉為上坡。此路蜿蜒於橫貫雲、貴兩省之山脈之間，地質多為赭土，與過去經過之石灰岩地區相比，自然地貌有異。山中少有樹木，惟雜草叢生。攀行復攀行後，來到一處海拔八百三十公尺之高地，一行人於此拍照留念。在貴州聽說一旦踏入雲南境內，即可見多風天氣，而今日於山路上下奔波逐漸接近雲南省時，果然天風瑟瑟，頻拂征衣，可證此話所言不虛。途中頻頻遇見身背沙鍋之男子與拖曳運貨馬車之商人等，可知即將進入雲南。

登上山頂，來到一處海拔一千八百公尺之高地前面。此處稱「勝境關」，即雲、貴兩省之分界線，建有石門，門上懸匾額，大書「勝境關」三字。通過石門向前走兩三百公尺，又見一座木門，門上書寫「滇南勝境」四字，其左面寫「東至貴州亦資孔三十五里」，右面寫「雲南平彝縣城十五里」。進入此門後即看見雲南之首個驛站，約三十戶人家，飯館極多。又見一座宏偉之關帝廟。余久未見到此類大型廟宇。

進入雲南後，感覺滿目風物皆有變化。首先是牛車眾多，而於貴州則絕對無法看見牛拉車子。勝境關驛站作為雲南門戶亦有大門，門上懸匾額作標榜，大書「忠孚化成，金滇鎖鑰」八個大字。從此處開始道路漸轉為下坡，到海拔一千四百五十公尺處時地勢為之一變，呈現出大陸性平原風貌，地層皆赭土，樹木極多（而貴州少），尤其是松樹極其繁茂。紅土上長有蒼翠欲滴之松樹，其顏色搭配極為豔麗，實乃風光明媚，景色如畫，無以言表。來此平原後始覺貴州全為山區。

於貴州常見之民族多為各苗族群落，然進入雲南後，渠等蹤跡全無。故於此需關注者，乃雲南漢人是否純種漢人此一問題。見雲南農夫，其男女身材皆短小，額部圓突，皮膚帶黃褐色。根據此一事實，余認為雲南「土著蠻人」在古代已然漢化，但即使其為漢人，其血液亦與蠻族融合，故必須知曉欲研究雲南農民需要許多條件。

自勝境關向前行走十里到平彝縣城門。余到此處前，似乎知縣衙門事先已接到通知，已為余一行安排好旅館。旅館入口貼紅紙，上書「日本教師鳥大人寓」。將余姓改為鳥，是因為此處無鳥居姓，故以此文字將就。但被人稱作「鳥大人」總有些奇怪。

此處為進入雲南後至首個縣城，街區建於城中，有東西南北四門供人出入。城郭為方形，僅一條街道。城中有孔廟，三層結構，登臨樓頂，視野開闊，附近景色風光明媚，盡收眼底。見此樓即可想起日本常見之木構五重塔或三重塔，其柱楹等皆使用巨木。余於貴州迄未見過以如此巨木建造之屋宇，故對其壯觀景象銘刻於心。該棟樑結構方式與簷端椽子配置方式等，與日本廟宇分毫不差，而柱、椽等悉數施以雕刻，有雲紋、獅子、象等圖形。見此可知雲南木材豐富。房屋門口安置石獅一對，其形制與今日南北中國所見之獅子形態差異很大，總體呈圓潤形，與日本神社所見之「高麗狛」[1]極為相似。此石獅於雲南各地多有見到，而在貴州卻無一所見。縣城約五、六百戶人家，皆木構房屋。市民中有八成係商人，兩成為農民。余進入雲南後最感意外者有二：一，城內居住許多農民；二，農民也罷，然竟有人於城市中央打稻脫穗。余去過許多縣城，從未見過如此景象。是夜於縣衙指定之旅店住宿。

1 據說是過去從高麗傳來的與獅子相似的靈獸。用木、石、金屬等製作，一個張嘴，一個閉嘴，以成對的形式面對面放置在神社門口或社殿前面等，用於增添威嚴、除妖鎮魔。原先作鎮子用，用於防止宮中門扉、几帳、屏風等搖動。

第三十一章

罹患甲狀腺功能亢進病之鄉民

十一月十六日聞雞起「床」，整理行裝後即出發。昨日感觸最深者乃氣候變化之大，越過分水嶺後即感暖意融融。途中溫度計損壞，無法測量溫度，但感覺可少穿一件衣服。於貴州時大凡每日從清晨到正午皆濃霧瀰漫，難辨四方，而進入雲南後則全然不見大霧。

出縣城西門走二十公尺左右拐向西面，見一河流向廣西之珠江上游。平彝縣即位於此河岸丘陵之上。渡河後沿岸行走，看見土地赤紅，地勢平坦，與昨日相同，然而此處土質粗糙龜裂，地上僅叢生矮草，四顧茫茫，無一株大樹。走十二里地到多羅鋪，土著稱之 Tsurabo，約十五戶人家，皆開飯館。房屋與普通建築之結構不同，正四方形，屋頂比人略高，四周牆壁以壓實乾燥後之長方形泥磚壘砌而成，如同疊砌普通磚塊一般。

屋頂交叉大木料後，放置竹片或木條，鋪草後再糊上泥巴，無絲毫坡度，宛如一塊正方形豆腐。看後不禁覺得好笑。此形制與彝人房屋相同，恐此地居民原為「蠻族」，之後漢化。

渠等身材短小，臉圓，皮膚呈黃褐色。最讓人不可思議者，乃十分之七之居民皆罹患甲狀腺功能亢進病。此病症狀為脖子粗大膨脹，似為當地居民特有病症。渠等衣裾長，袖寬，頭戴羊毛或馬尾巴毛編織之帽子，鞋與普通漢鞋略有不同，腳趾部分有切分形狀。有人穿某種長靴，此鞋與腳趾處開二口、以扣釘住之西式測量鞋相似。女子頭部裹白布，衣服與普通漢裝相同。總之，渠等非純種漢人，乃過去土生土長之「蠻族」。由此可知雲南過去聚居眾多「蠻族」。

自多羅鋪出發，再向西前進，走二、三十公尺坡道後來到一處臺狀丘陵地。許多丘陵於此附近左突右起，樹木繁茂。地勢為大陸型形態，地面一派赭色，松樹與其他樹木鬱鬱蔥蔥，長空蔚藍，萬里無雲，天地色彩協調，壯闊無比，見之不覺忘卻旅途勞頓。途中各地還見到許多小村落，然如前述，皆為漢化土著居所。

到白水驛，夜宿於此。此處海拔一千八百公尺，乃小驛站，設城門然無城牆，僅有一條道路，路中央有一條小溝，約二百戶人家，城外另有五、六十戶人家，係一處落寞之鄉村集鎮，極「不衛生」。集鎮內有三元宮、文廟等設施，但皆頹圮不堪，甚至神像亦破損嚴重。與昨日一樣，余投宿之旅館由官府安排，門前照例貼有紅紙。

此日新上任之巡撫一行亦投宿本集鎮，故喧鬧無比。名曰巡撫，但實際上不是正職，而是副職[1]。一行人隊伍龐大，副巡撫竟然還攜帶小妾，而小妾途中臨產，更添喧嘩。且帶來之士兵皆為臨時雇傭，純屬無賴，夜間賭博，高聲叫嚷，吵鬧無比。似乎中國士兵多有此風，全無紀律。

十一月十七日上午七時離開白水驛。道路於丘狀山脈中盤行，故行人必須丘行復丘行，上下復上下。今日晨起有霧，四周森林籠罩於一片煙靄之中，朦朦朧朧，宛如一幅水墨山水圖。

道路漸轉上坡。上坡結束後來到水嶺墩。此處海拔一千九百公尺，約二十戶人家，居民亦多患甲亢病。然相比多羅鋪，此處女性患者多且症狀有所不同，男性亦患此病。如名稱所示，此地為分水嶺，珠江上游即發源於此。從此地下山走三十五里到小雲鋪。此處海拔一千六百五十公尺，附近人家皆貧民小屋，簡陋不堪。從此再向前走十里來到一處平原。海拔一千六百公尺，即比山頂低三百公尺。此一帶全為水田，種植水稻。不久到雲益州城，決定在此投宿一夜。

[1] 按中國明、清官制，巡撫乃掌管一省民政、軍政的長官，不設副職。次於巡撫職務的有布政司。現按原文譯出。

霑益州城

霑益州城城牆呈三角形，東西南北開有四門。城內約有兩百戶人家。今日恰逢墟日，人山人海。蓋此處位於四川、雲南、貴州三省交通要道，貨物、人流、馬匹多聚集於此，因此物阜民殷，屋簷櫛比，建築美觀，而且旅店極多。城內中央有關帝廟，立康熙、乾隆年代刻碑。為昨日副巡撫打前站之官員已來到本城。集市本來就已擁擠不堪，加上此一行人到訪，其喧鬧程度更勝一籌，無法形容。余進入雲南後首次看到如此繁榮之城市。

有一事須特別記述。是日余照例騎馬通過城門時，遇上一鐵匠。渠對余大聲疾呼「洋鬼子，洋鬼子」，意在侮辱。余未予理睬，通過城門後讓翻譯知會知州，使其對此無禮行為提出警告，且留下話：若知州對此等閒視之，不做任何處分，余即赴雲南省城，訴於巡撫衙門。知州因此大驚失色，不久即派出官吏，向余表謝罪之意，並贈送大量禮物，如火腿、雞肉等食品，說此事務必私了，已給無禮之輩以鞭笞懲罰。余之所以採取如此強硬手段，乃因知曉過去日人到中國內地旅行，往往被罵為「洋鬼子」，而多數皆忍氣吞聲，不了了之，故為日本國民體面，於此類場合必須不顧情面責備中國當局，以使根絕此類陋習。

第三十二章

雲南省「石敢當」

十一月十八日清晨離開雲益州城。是日有士兵、壯丁六名、馬伕一人隨行，以作護衛。出南門，沿丘陵邊緣前進。途中經過許多小村落，發現此一帶人家有安置「石敢當」之習俗。石敢當於中國內地屢屢可見，做法是勒此三字於石，之後立於門外，以驅邪魔。多數家庭乃於房屋正面卜定一塊空地，將其立於斯處。然須注意者，乃雲南石敢當無論是形制還是放置位置，皆與其他地方有很大不同。即並非於普通石頭上勒字，而是特意將石頭打造為虎形，於其胸刻上「石敢當」三字，放置於屋頂上。其放置位置與日本放在屋頂除魔之鍾馗位置極其相似。有人家則於大門入口安置一塊一尺大小之圓形木板，上面畫虎頭，再畫虎口銜寶劍，之後寫「石敢當」於虎頸。為何雲南石敢當與其他地方不同而使用老虎？大凡因為過去中國人將老虎稱為百獸之王，相信其威力能降服各種妖魔。相信雲南人乃出自此信仰方採用如此怪異之形式。

中國石敢當中另有珍奇者，乃於四川演變為與太極圖相融合，於上海則以木頭作虎形或太極圖。從此類事實考慮，是否可以認為，大凡石敢當上僅簡單刻寫文字乃後世之變體，而之前之形狀多半與虎及太極圖有關。中國內地或朝鮮，有人於廟前或民房牆壁上畫太極圖，恐亦與石敢當之意義相同。有關疑問擬於四川一章繼續敘述，於此僅記述實際所見之事例。

余等一面饒有興味地觀看民居之石敢當，一面向前行走十五里到石板河墩。此地前方乃一片開闊原野，然處處凹凸起伏，土地為赭色，有許多繁茂之松樹。又行走四、五里到茶廳墩。此處係小驛站，但多飯館，房屋鱗次櫛比，生意興隆。過去經過之驛站大凡皆在貧困鄉村，雖有飯館，然僅提供米飯與兩三樣菜餚，而此處飯館則有許多店鋪於簷端掛滿火腿，買賣熱鬧興旺。迄今於貴、雲兩省，從未見過出售如此豐富食物之飯館。居民應為漢「蠻」混血兒，很少人罹患甲亢病。

離開此處後，沿赭土丘陵前進。地勢逐漸變為純粹之平原，毫無凹凸起伏。樹木形態亦與過去不同，大都林密蔥鬱。道路左方有小湖泊，水鳥或在湖中歡快游轉，或在湖泊上空飛翔，其情景之有趣，有如欣賞圖畫。

馬龍城及其知州

行走三十里欲接近馬龍城時，見兩三名士兵已在此持槍迎候余等一行。渠等行禮後仍迎迓甚恭。余在士兵引導下前行一百公尺左右，又見在兩名騎馬士官指揮下，有五、六十名士兵整齊列隊站立路旁。渠等亦受知州派遣，特意在此歡迎余一行到來，見余到達後即開槍三響，以示敬意，繼而又吹奏起怪異之喇叭，開始列隊前進。余在隊列引導下徐徐進入馬龍城。

知州已為余等於城內安排好住宿。此處乃供地方官員住宿之行臺，規模恢弘氣派，裝修考究，雕樑畫棟，於貴州一帶不可見到。是夜知州到行臺探訪，鄭重問候。知州乃四川人氏，近期甫到任，年方三十五、六，於知州一類重臣中恐屬年輕晚輩，性格開朗磊落，雖為文官，然武官事務亦親力親為，常常持槍執劍，或騎馬或徒步出行郊外，認真操練士兵，似乎於武藝方面亦樣樣精通。寒暄後，知州慨歎清國人孤陋寡聞，冥頑不化，不堪實務，今後若不按泰西或日本做法，採用先進制度，實行開明政治，則國家維持將十分困難，等等，口若懸河，滔滔不絕。知州有一子息，十二、三歲時即使其習武術，此時還將子息帶到行臺，令其表演平日習得武術之一端。余聽聞知州血氣方剛之談話，心想雲南僻地有如此充滿朝氣並具有新思想之官員，實乃中國之幸運。設若此地此類人物雲集，則毫不足懼垂涎雲南之洋人。

余原擬明日立即出發，但知州懇請多留一日，以檢閱其親手操練之士兵及觀賞中國傳統武術。余回答須趕路只能卻之不恭，然由於知州之高論難得聽聞，故不得已聽從知州安排多待一日。

第三十三章

知州閱兵與「忠象碑」

十一月十九日逗留馬龍城。馬龍城建於丘陵上，東西南北各有城門，約三、四百戶人家。城中僅一條街，但街道整齊，房屋鱗次櫛比，相當熱鬧。

余應知州邀請觀看士兵演練後，始覺其方法可謂中西合璧，大有看頭。先是有人打鼓，其次是齊聲吹喇叭。喇叭極長且大，類似日本餡餅店之喇叭，其音聲亦極其相似，頗滑稽。繼而開始喇叭與大鼓之合奏，士兵齊步向前行走，如同日本之「赤阪奴」[1]排隊出行。再次有人以石灰於地面畫大圓圈。在大圓圈內，所配置之士兵自由飛轉演練。

1 「赤阪奴」，指江戶時代服務於江戶「大名」（上級諸侯）或「旗本」（下級諸侯），在「大名」等出行時擔任持槍或挑擔工作的年輕武士隨從。因留有上挑的鐮刀狀鬍鬚，風俗奇特而引人注目。或說因這類人住在江戶赤阪一帶，故有此名稱，或說這類人出身於三河國赤阪一帶。後來還催生了江戶赤阪這一地名。

據云此陣法乃模仿諸葛孔明之八卦陣。演練中在一旁細心觀察之知州，發現一名士兵自亂隊形，故急命軍官將其帶到跟前，呵斥其行為不端後，使之匍匐在地，令人棒打臀部，以示制裁與嚴肅軍紀。最後依次是舞青龍刀、擊劍、耍紅纓槍等表演。演練至此結束。

余回行臺後決定參觀「忠象碑」。「忠象碑」乃紀念某象之忠義所建之碑。說是過去此一帶發生戰爭，象出場後大敗敵軍，終獲勝利。象參加戰鬥乃著名故事，貴州出版之〈黔書〉有詳細記述。現譯述斯文如次[2]：

> 明天啟年間，水西安邦彥、藺州奢崇明糾集於霑益、烏蒙兩地，舉兵犯滇，進抵馬龍，銳不可當。眾人皆無鬥志，惟黔地戒嚴募兵，講求防禦之策。是時有一象，深伏小塹中，以鼻吸泥水數斛，乘賊不意，咆哮躍起，噴出鼻中泥水數丈，其勢如起雲霧，頓挫賊鋒，人馬皆辟易逃走。又鼻捲一悍賊擲天墜地，蹙踏致死。是以賊勢望風披靡，無人敢拒。將士等乘勢追擊，終獲全勝。至日暮收兵，此時象仍具餘勇，鬥志勃然。然因受毒

2 《黔書》，原文今不可查。現按日文譯文再回譯為中文。

矢，爾後創痛不已，轉而劇烈，終不堪忍受斃死。滇黔人思其象恩，厚禮葬之，卜馬龍城南之地建墓碣。今日殘留此地者即是其墓也。

由於此象紀念碑如此珍奇，故余決定前往參觀。出城東門向南行走約二里，見道路左側有一堆土呈饅頭狀。此即象墳，其前方有一碑碣，立碑時間似乎不長，然碑面經風雨侵蝕，刻有事蹟之文字已漫漶不可辨讀。惟前方石門面碑處刻有「忠勇異象」四個表彰文字可讀取。墳墓四周芳草萋萋，無法容足，人影全無，一派荒涼景象。依余觀察，立碑位置過去不在丘上，而在其前方一條小河邊低地上，故其建立時代並不久遠。惟此地當時飼養過象及存有象之墓碑，值得認真研究。

第三十四章

關索嶺

十一月二十日清晨離開馬龍城。途中經過一個小村落，認真觀看後發現村民亦多患甲亢病。行走三十里左右到關帝山。此地約有五、六十戶人家，皆農戶。自此開始地勢平坦便於行走。向前走後見一座高山，人稱關嶺。因須翻越此山，故先在山麓休息，待歇腳後開始登山。山路略可通行，然多為險峻坡道，一步一喘，攀登艱難，好不容易到達山頂。從山麓到山頂海拔約升高二百公尺，故可推知其山之高。

此山如其名稱所示乃重要關口，地扼險要，帶有門戶之意味，可謂「一夫當關，萬夫莫開」。據說若有兵在此守衛，則不論從貴州、四川方向出動多少大軍來攻，亦根本無法突破。由於此處乃要衝之地，故作為著名遺跡流傳至今。其真偽姑且不論，但僅此介紹即可看出漢人乃如何看待此地。

古時此山稱關索嶺，相傳乃諸葛孔明屯軍之處。山頂今有關帝廟。一般說來，關帝廟內殿應安置關羽像，而此廟無像，僅刻以下文字奉為牌位：

忠義神武靈仁勇威顯保民精誠綏靖翊關聖大帝神

廟前有木門，上方懸大匾額，大書「關嶺」二字。其旁附有以下文字[1]：

關嶺即古之關索嶺。因避索字，故稱關嶺。在城南五十五里，山林密茂，狀崎嶇，路曲盤桓，若之字。兩峰環抱，壁立如關，俗所謂關嶺坡是也。爰舊志，昔武侯南征駐此，今故址猶存。且係滇中要隘，余因捐資建修之。並題關嶺之二字，以為古蹟云。

門旁又有石碑，上刻「漢諸葛武侯南征昔駐此」。此處有大柏樹，下方立石勒有「漢丞相諸葛武侯手植之樹」與「大清康熙五十七年歲次戊戌三月穀日漢武侯平南會

1 標點符號係譯者所加。下同，不一一做注。

盟」等字。見此類文章與各種石碑，可知此一帶漢人似乎相信，過去諸葛孔明下雲南七擒孟獲時確實屯兵於此。然而關索嶺地名各處皆有，孰為真假礙難判斷，且當時孔明是否果真來過此地亦不無疑問。

參觀結束後來到山後，向下行走一百公尺左右，於午後三時左右來到易隆驛。此驛站乃位於雲南主要道路之一個小驛站，約二百多戶人家，街道繁榮。今夜投宿於此。是日行程八十七里。

十一月二十一日清晨四時出發，照例騎馬向西南方向前進。道路遊移於低矮田間，途中可見道路左面楊林山聳立，與此相對之右面有楊明山，皆高約三十公尺。兩山之間有一平原，寬約二點四至二點五里，中央低地有一河流淌，又有兩池塘，許多村落沿江偎山散布其間。

走二十里後來到一個小集鎮。此乃鄉村集鎮，房屋直線並列，約有六十戶人家，位於丘陵上方。右邊有一河自楊林驛附近嘉利湖流出。此地居民亦多患甲亢病。余一行從此處沿河岸前進。此河水清，流速甚疾，水量大可載舟。從高處俯瞰，可見河右方有一沖積平原，面積頗廣。再前行二十里左右到老街。此亦鄉村集鎮，約六十戶人家，農商混居。

回教寺院

此處有廟宇，門上懸「清真寺」匾額，乃此次旅行中首次見到之回教寺院。在門前下馬，入寺內一看，廟宇結構全為中國式樣，與普通佛堂無異。惟內部與佛堂不同，不安置須彌壇與佛像，正面牆壁寫有阿拉伯文字之真主語錄，左右壁上亦有相同文字貼紙。左右角落面對面各安放一具未塗漆木檯子，如同帶棚之售貨攤，高五、六公尺，寬三尺許，施以雕刻。此木臺形狀與雕刻方法無疑取法於阿拉伯建築。正面堆放十五、六卷經卷，拿起一看，仍以阿拉伯文字書寫，然該文字並非印刷，全由手抄而成。余進入殿堂參觀時，有一位二十五、六歲之男子走來，一面引導余一行參觀，一面詳細加以說明。渠為漢人，過去乃回教教士，未穿特殊法服，風貌與中國凡夫俗子無異，似乎略通阿拉伯文字。渠不知余係日人，見余將渠談話內容用羅馬字記錄時似乎認定余乃英人。余再三說明余確為日人無疑，然渠最終無法悟出余何以為日人。為作紀念，渠用阿拉伯文寫出真主名與經文名稱贈余。

看來此一帶回教傳播甚廣，據說昨夜投宿之易隆驛亦有回教寺院，信徒約二十名左右。若此則前方地區恐有更多回教徒。此前聽聞回教廣泛傳播於雲南西、南、北部，故可謂雲南府乃西南中國回教一大中心。而在此前經過之湖南、貴州兩省，余從未見過回教徒。總之，內地回教勢力僅擴展至雲南、四川、山西、陝西、甘肅各省，源頭來自中亞。回教徒間氣息相通，於信仰感召下極為團結，友誼堅如磐石，不可動搖。其交際僅限於回教徒之間，幾乎不與其他宗教教徒交往，尤其食物與其他宗教教徒有明顯區別，據說鍋、釜、器皿等與其他宗教教徒絕不混用，使用時各用其器皿。

結束參觀清真寺後又騎馬行走五里到龍橋墩。

第三十五章

雲南省地方茶樓

龍橋墩人家在百戶以上，街區中央有財神廟，廟前設舞臺劇場。今日恰逢當地墟日，人們從四面八方聚集於此，人山人海。集市設在廟內廟外之寬廣庭院上，小賣店鱗次櫛比，陳列土布、洋布、五金件、陶器、水果、紙墨文具等，甚至還有護身符，生意興隆。街頭賣藥攤販如同日本淺草之松井源水[1]，一邊賣藝一邊賣藥。藥攤旁圍紅布，上貼神農黃帝怪異畫像，攤內擺放烘乾之奇魚怪獸，攤頭掛畫軸，大書「扁鵲遺風」四

1 松井源水，並非某人的專用姓名，用此姓名的共傳十七代，咸用相同的姓名。該家族世代居於東京淺草奧山，皆為日本著名的走江湖賣藥者，先祖係越中人，居富山，以製造還魂丹起家，從第四代起來到江戶（東京），在淺草奧山販賣祖傳藥物。該松井源水為招引觀眾曾表演過「曲獨樂」劇，自得到第九代將軍德川家重的觀賞後，從此以表演為主業。

個大字，與日本走江湖賣藥者極其相似。據說此一帶無專職醫師，人們生病時大凡皆購買此類怪異藥物，服用時深信其有奇效。

來此集市者皆附近農夫，各自攜帶雞、雞蛋、水果、蔬菜等做物物交換。乍一見此地婦女裝扮習俗似與普通漢族婦女無異，然仔細觀察，仍可發現具有「蠻族」特徵。即渠等衣服顏色大紅大綠，濃豔無比，俗氣不堪，且不纏足，腳穿一種奇怪鞋子，耳戴稍華麗之耳環。其中甲亢病患者極多。

此廟前有一間「茶園」[2]。此「茶園」並非種植茶樹之園地，而是茶樓，與東京廟會之茶館相似。今日恰逢墟日，人來人往，出入茶樓之客人極多。茶樓內桌邊放置幾把凳子，客人來後坐於凳上，男跑堂端來茶托與帶蓋大碗放於客人面前，之後裝入茶葉，注入開水，蓋上蓋子。客人手持茶托與茶碗，帶蓋將茶碗湊進嘴邊，小心啜入口中。此與日本飲茶方式差別極大。此地茶杯、茶碗皆帶蓋，形大，與日本茶碗完全不同，大小與日本飯碗等大。日本飯碗現在稱「茶碗」，不知過去日本人飲茶時是否亦使用如此大碗？又是否從某時起茶碗代替了飯碗，僅名稱保留下來，依舊稱「茶碗」？見日本人如今飲用「抹茶」[3]時用之大碗，亦可以聯想到如此情景。至於茶托，因中國人有上述飲

2 當地方言，即茶樓。

3 「抹茶」，茶道表演中飲用的粉茶。

用習慣，且喜喝極燙茶水，故不可或缺。而如今日本使用之茶托，則全用於裝飾，似乎是一種對客人表示禮儀之器具。

此茶樓只提供茶水，不提供其他飲料與食品。作為日本人，對喝茶不配點心感到不可思議。總之，對渠等而言，茶樓只是交際所需之場所，可謂一大清淨樂土，與日本神社、寺廟前茶館或以賣酒為名、實為暗娼聚集之酒館，大相逕庭。其設施令人感佩之至，比日本略勝一籌。余來此地後今日始見茶樓，故急忙進入，邊啜茶，邊將如此難得之景物攝入相機。

龍橋墩集鎮位於低窪地，距離集鎮前道路二、三里處有湖泊叫嘉利湖。余推測此集鎮原為湖底之一部分，後來逐漸淤積，方形成今日之模樣。

與日本江州[4]瀨田[5]相似之美景

離開茶樓來到龍橋墩集鎮外，可見此附近一帶多水田，西面正前方有嘉利湖。沿田地來到湖畔，四周景色風光明媚，與我國江州瀨田極其相似。湖岸圍繞丘陵，丘陵下方與湖

4 江州，日本古國名「近江」的別稱，即今天的滋賀縣，係仿照中國古代地名而起的名稱。
5 瀨田，日本滋賀縣大津市的某地名，位處古代東海道、中山道至京都的戰略要地，自古以來多為戰場。「瀨田夕照」乃近江八景之一。

岸間有一塊平地，現已開墾為水田與旱田。由此地勢推斷，過去湖水曾淹至丘陵下方，而經歷漫長歲月後，土層逐漸淤積，成為今日湖畔一帶之平地。此平地上處處長滿楊柳，而丘陵上則松樹蓊鬱，亭亭玉立。前方遙遠處有一座尖塔，位於臨湖之丘陵上，高聳入雲。湖灘一帶蘆葦、菖蒲叢生。湖面有水鳥浮游，不知其數。漁舟蕩槳往來其間，每每驚起水鳥，使其尖叫振翅飛翔，給幽靜之湖光山色平添一種靈動韻味。看來瀟湘景色亦不過如此。余欲將此大好美景收入鏡頭，然立好三腳架後卻無法如願攝入全部景致，只好作罷。

飽覽景色後即沿湖前行。途中遇到許多鹽販子，亦仔細觀察過其他販運物品，其大都為運往都市之消費品，故可推知此地距雲南府不遠。再向前走，隱約可見楊林驛在湖對岸。之後沿湖畔道路行走十五里，可見海拔高度上升四十公尺左右之後，來到一丘陵上。此前所見之尖塔即在此處。站立此處俯瞰湖面，環湖景象一覽無餘，原先寬廣之景觀更顯寬廣。余佇立良久，盡情觀賞後又向上攀行，來到丘陵最高處。此處有一座土神廟，廟宇建築稍美，人於廟中即可俯瞰湖面，與在我國琵琶湖湖畔石山寺俯瞰湖面情景兩相彷彿。廟宇所在位置比湖畔低窪地約高五十公尺左右。從此開始道路又逐漸轉為下坡，走五里到楊林驛。此驛站位於雲南省主要通道上，街道稍繁華，約六百戶人家，屋簷鱗次櫛比，廟宇亦美輪美奐。集鎮位於丘陵上，比湖面高出三十公尺左右，在街道即可望見湖水。余一行今夜投宿該驛站行臺。

第三十六章

昆明附近地勢與「散密彝人」等

十一月二十二日上午五時半離開楊林驛。清晨尚早，湖面、平地大霧瀰漫，四顧茫茫。今日依舊沿丘陵道路艱難前行，走三十里到長坡，又走十五里到分水嶺。說是分水嶺，其實不外乎此前走過、幾無高低區別之湖畔丘陵之終結地。自此開始即為低窪之平原。分水嶺頂端有稀疏松林，旁邊建有一戶人家，便於眺望。遠望前方，平原蒼蒼茫茫，再望身後，丘陵橫臥如帶。西南方向亦有丘陵，丘陵與丘陵間浮現出一處廣闊之湖面，如一面巨大鏡子。余在馬上手指湖面向隨行士兵詢問，答曰彼即昆明附近之著名滇池。余嘗讀雲南地圖與地理志，知曉雲南有滇池與河海兩大湖泊，如今於其不遠處得以見到其中之一之滇池，心中油然生出愉悅感覺。

如前述，嘉利湖畔之丘陵至此結束，道路逐漸轉為下坡。走五里到Xinsi。此處僅四戶人家，係一貧寒村落，比此前經過之分水嶺頂端低四十公尺左右，地勢低矮而地貌依舊是赭色平原，處處長滿矮樹短草。於此一帶，亦遇上拖牛車者與牽數十頭雲南馬運送山鹽者。

需關注者乃拖牛車人之風貌：辮髮，戴寬邊毛氈帽，穿普通漢裝，但腳穿皮革或麻布製作之鞋子，上面裝飾藤蔓花紋，可兼作草鞋用。此類鞋余至此始得見。渠等身材皆高大，皮膚褐色，臉長，雖為附近農夫，但從體格與鞋子判斷，與漢人差異很大。余問汝為「蠻族」乎？然渠等皆沉默不語，之後才得知其為「散密彝人」。因有疑問，余當即將渠等攝入鏡頭。

結束對拖牛車者之身分調查，又前行不久，來到板橋驛，時值下午三時。此處為通往雲南府之途中驛站，約三百戶人家，集鎮由一條街構成，皆商戶或旅店，屋簷相連，整齊美觀，相當繁華。此集鎮雖無城郭，然有出入口，設東西兩門，西門外有一條小河流淌。此處今日為墟日，男女老少從附近村落聚集而來，街上又多出許多攤販，非常擁擠。余於仔細觀察間，發現一件必須特別記述之事情。此即於趕集人群中混入許多彝人男女。為對渠等展開調查，是日余夜宿此地。

對彝人之調查結果大致如下：於板橋驛集市所見之彝人，即途中拖牛車之「散密彝人」，主要居於此附近一帶。雲南府附近原為彝人大本營，及至漢人勢力延伸至雲南，建起昆明城後，渠等無法再於城內乃至城外附近居住，故相率遷徙至滇池附近即以板橋驛為中心之方圓數里地區，並漸成村落，直至今日。現渠等共有十八個村落，自稱為Sarunuba。

如前述，渠等身材高大，皮膚褐色，男子除穿奇異鞋子外，其餘與在雲南所見之漢人無異。有自身傳統語言，然日常生活皆使用漢語。需關注者乃其女子仍保留部分傳統風俗，即辮髮，頭裹多層黑布，耳戴銀環，衣服與漢人女裝無大差異，然其長度僅至膝部，極短，腰部紮長圍兜，下身穿類似日本之細筒褲，褲腳至腳踝，腳穿與男子相同之奇異鞋子。

此處女子還有一種奇怪習俗，即將羊皮披在肩上。羊皮帶毛部分翻上，兩端縫綁帶，自右肩圍至左腰，宛如僧侶披袈裟。該羊皮寬二尺，長三尺許，長方形，毛皮分黑、白或黑白夾雜斑駁等，其上半部縫有赤、綠、白等各色碎布拼合之三角形，以作裝飾。為作研究參考，余欲將此披肩帶回，請求渠等讓渡，然無一人肯售讓。確乎如此，因該披肩乃渠等婚嫁之物，於嫁入夫家時不可或缺，故對渠等而言，乃一生所需之物，非常重要，絕不輕易更換。日常穿戴時從肩膀圍至腰部，然運東西時，有時亦可用作肩墊。按彝人習俗，男子可從事各種職業，如拉牛車，而搬運工作則僅限於女子。搬運東西時，女子先將毛皮兩端綁帶打結於喉部，之後將披肩帶皮部分翻蓋在背部，再後放背簍於羊皮上，最後將背簍繩子勒在額部，背簍中放上東西向前移步。其做法如同日本北海道阿伊努婦女。

今日來此集市之彝人乃 Petotsua 村落居民。彼村落距板橋驛以西六里，約五十戶人家，主要從事農業。因久受漢人影響，渠等文明程度較高，有人可讀寫文字。稍通文字者非常忌諱被人稱作「散密彝人」，自稱「散民」。按其語言，渠等將板橋驛讀作 Futaku，將滇池讀作 Fumoku，將漢人讀作 Xiuba，將苗人讀作 Naisippu，將「狆家苗」讀作 Suocyat。據此可證，「散密彝人」乃自古以來以雲南府一帶為中心、在此附近廣泛分布之「蠻族」之一。

第三十七章

到達昆明城

十一月二十三日，預定今日到昆明。據說從此處到昆明約四十里。清晨自板橋驛西門出發，向南行走。路平坦，無高低起伏。

走五里地到 Senjitan。於此見到一名「散密彝族」女子在耕田。其右方有一岩石露出地面，四周樹木蓊鬱覆蓋其上。認真觀察後發現，此岩石上安置一個石雕虎頭，其前方插立數百炷香，煙霧濛濛。據說無論何事，祈願者只要向此虎頭祈禱，則無不靈驗，故香火繚繞不絕。此次旅途中余從未見過有此風俗，頗覺珍奇。從此向前走五里，來到一條小河旁。渡過河上石橋見有一寺。殿堂結構原本似乎恢弘壯麗，然今已廢圮，簷傾壁倒，不見僧侶蹤影。大門入口上方懸有敕題匾額，寫「豐樂寺」三字，其旁記「雍正二年歲次甲申三月」。由此看來此寺廟頗有來頭。側面有一廂房，安置土馬。但不知是誰惡作劇，該土馬馬頭已墜落破損。據旁人說此處原有金馬，但被人盜去，故於原址上放置土馬。因有金馬，故此寺也稱金馬寺。

從板橋驛到此處，地勢皆平坦，然自此向前即丘陵，必須爬坡。一路上余一面遠眺右方鎮江府一帶之山嶺，一面奮力向前。到放馬橋後休息，用早餐。今日天氣不好，風雨交加，頗寒冷。又走五里到十里鋪。此係貧寒村落，約六戶人家。至此途中多見來往不絕之「散密彝族」男女。此附近有「散密彝族」村落，戶數約二十。十里鋪旁亦有一個「散密彝族」村落，戶數十二。故可確定此一帶為「散密彝族」分布地區。上下丘陵行走約四里地，道路急轉為下山險道。下坡後來到一處平原，地勢與丘陵完全不同。極目遠眺，一馬平川，阡陌縱横。於平原行走時，見到數個村落與一個小集鎮，其間亦數度遇見「散密彝人」。

再走十里到昆明城入口。城門樓高三層，雄偉壯麗，高聳入雲。通過城門進入昆明，時值中午十二時。先投奔旅店，決定今日待在城裡觀察市容市貌。

第三十八章

昆明城內所見

十一月二十四日至二十五日，雨，逗留昆明，與各官衙聯繫並為繼續向南旅行做各種準備。茲概述逗留昆明時之所見所聞。

昆明一帶地勢平坦，平原遼闊，悠遠蒼茫，幾無些許凹凸起伏，且土地皆被開發為良田，平原上有一大湖泊，即滇池。昆明位於滇池東北方向，過去因有「蠻族」居住而漢人不易進入，今日在此猶可見許多「散密彝人」居此，故可推斷渠等當時乃如何繁榮昌盛。由此地勢判斷，如今低地即良田區域過去或為湖水蕩漾之一部，歷史上滇池不如今日狹小而寬大無邊。此地於漢代屬益州郡，《後漢書・地理志》對此有過記載：

此郡有池，周圍二百餘里，水源深廣，而未更淺狹，有似倒流，故謂之滇池河。土平敞，多出鸚鵡、孔雀，有鹽池田魚之饒，金錢畜產之富。人俗豪汏，居官者皆富及累世。及王莽政亂，益州郡夷棟蠶若定等起兵殺郡守。云云。

文中「此郡有池」之地即指今日昆明附近一帶，記屬「益州郡」然僅有名稱而已，其實漢人勢力當時尚未及此。至唐代，雲南、四川「夷族」勢力極為強大，建立之「六詔國」[1]區域包括今日雲南全省及金沙江以南四川省之一部，即今日寧遠以北地區。「六詔國」中勢力最強大者乃「蒙舍詔」[2]，其首府即位於今日之大理府。之後「蒙舍詔」統一其他各國建立「南詔國」[3]。斯王國於唐代臻於全盛，典章制度、文學藝術、

1 「六詔國」，六世紀末至七世紀初，隨著滇東爨氏逐漸衰落，滇西洱海地區的烏蠻、河蠻（白蠻）的社會經濟有了較快發展，特別是洱海地區的烏蠻各部更是急劇發展起來，形成了六個強大的奴隸主統治集團和四個勢力較小的奴隸主集團，人們稱之為「六詔」或「八詔」。

2 「蒙舍詔」（南詔），起源於巍山，許多史志皆記載蒙舍詔的始祖為舍龍（又名龍伽獨），原居於哀牢（今雲南省保山縣），為躲避仇人，自哀牢遷居到蒙舍川（今雲南省巍山縣境內的一個部落）後才開始逐漸從半農半牧社會轉為定居農業社會。

3 「南詔國」，七世紀中葉，吐蕃勢力進入洱海湖區北部。南詔距離吐蕃最遠，受威脅較小，因此仍依附唐朝。唐朝為抵禦吐蕃，大力支持南詔進行統一戰爭。西元七一三年（開元元年），玄宗封南詔皮羅閣為臺登郡王。西元七二九年（開元十七年）二月，唐打敗吐蕃，攻下昆明鹽城（今鹽源）。「六詔」中的鄧賧詔、浪穹詔、施浪詔依附吐蕃，而越析詔、蒙巂詔及蒙舍詔（南詔）則歸附唐王朝。此時南詔在皮羅閣統治下實力最強，開始了統一六詔的計劃。唐王朝也為減輕與吐蕃接壤的邊患，鼎力支持南詔統一各部落。在唐王朝的支持下，南詔先後征服了西洱河地區的白蠻諸部，取代「白子國」，並滅其他「五詔」，統一了洱海地區，建立了統一的南詔國，定都太和城（大理市南）。

軍事戰法等皆完備，不負王國名稱。當時斯王國設立「八節度使」制度，如今之昆明府即屬其「拓東節度使」治下。南詔國延續數代，歷時較久，與唐後五代之亂及宋代北方邊患不斷，無暇顧及南部邊疆亦有關係。至元，南詔國滅亡。元滅宋後國力昌盛，可謂空前絕後，其領土之遼闊於世界歷史上聞所未聞，東至鄂霍次克海，西達歐洲今日之匈牙利，跨地中海，南及印度河畔，過喜馬拉亞山脈南麓至緬甸、暹羅、安南等國。又北上囊括俄羅斯大部分地區，包括西伯利亞。不僅占有整個亞洲，還盤踞歐洲大部分地區。元朝領土如此遼闊，影響力亦強，故盤桓於雲南、四川之南詔國最終只能走向滅亡，以至於昆明也歸屬元朝。

元時昆明情況如何？根據當時旅行中國之馬可・波羅所撰《馬可・波羅遊記》可知當時詳情。今試譯之：

> 此處地名謂Yachi。Yachi乃宏大街市，眾多商人與工匠居此。居民種類繁多，惟偶像崇拜者（指蠻人）與撒拉森人[4]不居此，然亦有些許尼斯特里烏斯教派[5]

---

4 撒拉森人（Saracen），或譯薩拉森人，詞彙源自阿拉伯文的 sharqiyyin（東方人），指由阿拉伯遷移至西班牙的回教徒及其建立的國家。

5 尼斯特里烏斯教派，基督教教派之一。由提倡基督教異端學說的君士坦丁堡教主尼斯特里烏斯（Nestorius，二八耶穌信徒居此。其土地出產米、小麥等，甚豐饒。然土著謂小麥有害，以小麥製作之麵點皆不食，惟以米為主食。又以米做酒，作為飲料。此酒清，風味甚佳。渠等間使用通貨以海中所得白貝充之。其八十貝相當一銀幣，即與威尼斯錢幣之兩「哥洛特」或二十四「皮可里」[6]相當（作者係義大利人，故以該國貨幣名稱記之）。又謂八銀可與一金相當。此地湧鹹水泉，可得大量食鹽，斯地民眾多以生產食鹽為業，國王亦據此收穫莫大收入。此地周圍有湖，廣百里許，產魚，最可讚美，皆形大味佳，種類亦多。人們食用魚類、牛羊等生肉。此生肉切為細片，加蔥蒜或香料於醬油作為佐料。云云。

根據馬可・波羅記述，可知元代當時昆明城中情況，亦可判定當時昆明城無「蠻人」居住，而雜居尼斯特里烏斯教派耶穌信徒。該教派在唐代於中國內地有相當勢力，從最近出土之「大秦景教碑」可以得知。根據《馬可・波羅遊記》，可以證明景教雖漸次衰亡，然於元代昆明城內仍有部分尼斯特里烏斯教派信徒存在。該遊記回想昆明附近

——四五一年）得名。中國在唐代稱景教或大秦景教。其教徒稱尼斯特里央（Nestorians）。

6 「皮可里」，原文貨幣單位名稱不詳。查當時威尼斯貨幣名稱有金銀杜加特和司庫多等，與原文音譯讀音均不同。而原文貨幣名稱在中國和日本的各大辭典亦皆未收錄。今按原文讀音譯出。

其他地方情況時，還記述四處可見「蠻人」部落與混居之眾多撒拉森回教徒。由此足以推斷，當時昆明城外與今日差別極大，「蠻人」散居各處，擁有傳統習俗，尊崇固有宗教，使用自身語言，以及因元朝領土廣闊，印度、波斯、阿拉伯等民眾曾遷居雲南。此乃吾等最須關注之事項。

另一問題即《馬可・波羅遊記》所說元代稱昆明為 Yachi 一事。此地名屬何民族語言至今不明。大凡元代中國各地地名並非漢語，而多根據蒙語讀音，故該 Yachi 或為蒙語亦未可知。若不然則大有研究之必要。余以為該讀音與漢代此地所屬之益州讀音非常相似。漢語將益州讀作 Yizhou。是否馬可・波羅將 Yizhou 訛讀為 Yachi？若此推斷正確，則元代昆明或稱益州。此暫存疑，錄此為照。

元滅後，明太祖洪武十五年官府決定修建昆明城城牆。城牆以磚築就，周長九里多，高二丈九尺許，設六個門。如今之昆明城牆係重修。城內居民約五萬人，然近來因人口繁衍及遷入者增多，無法容納更多人口，故於城外郊區新建許多集鎮，彼處亦有相當人口。城內街區主要集中在東面，人口稠密。南面有一小塊空地，於今形成水窪，旁邊有些許樹木，生長繁茂。

昆明地勢比貴州首府貴陽府海拔高出六百公尺左右，比洞庭湖高出一千六百公尺以上，不獨為與四川、貴州、廣西等地交通往來之中心地帶，亦為與西藏、緬甸、安南、暹羅等國交往之要衝之地，物資集散，人馬往來，異常繁忙。各種商店鱗次櫛比，宏偉華麗，交易活躍。街道四通八達，盡頭處各自建有牌樓，結構雄偉，雕樑畫棟。此前余於他省從未見過此類華美建築。昆明係雲南省首府，總督、巡撫皆駐紮於此，官衙氣派固不必說，恢弘壯麗之寺院、廟宇等建築亦不在少數。

首先映入眼簾者乃茶、鹽、鴉片之交易。此類貨物因輸出各省，故其交易最為繁盛。產於接近暹羅國普里克之茶葉最為著名。手工作坊極多，《馬可・波羅遊記》亦記錄有各種工匠居住於此，如今與當年毫無二致，盛況如前，生產玉器、漢白玉雕刻、象牙雕刻、皮草、毛毯等。玉類產自昆明，漢白玉產自大理附近，皆著名。象牙由緬甸輸入，用以雕成各種器物。毛毯製作最為興盛，供各種場合使用。因各種原因，近來中國內地對此不無需要，然需求今不如昔。而雲南省當下仍需求旺盛，斯手工業毫無衰退跡象。此地生產之毛毯皆織以古代圖案，頗美麗。日本古代三月女兒節「偶人壇」臺階上所鋪紅毛毯即屬此類毛毯，如今在此地還能看到許多同樣產品。

又須特別記述者，乃此地多產馬。馬為雲南特產，中國歷代文獻皆有記錄。過去西南地區「蠻夷」多飼養馬匹，而今猶飼養不輟，極為繁盛。該馬比山西馬個頭略小，但比驢大，性情極為溫順，最適於旅行乘坐。不論山路如何崎嶇，乘此馬均可平安到達目的地，極其珍貴。

第三十九章

昆明古代遺跡

是日探訪昆明古蹟，略有斬獲，然無法溯及元代以前事物，僅知曉元代之後情況，且皆與「蠻族」無關。茲舉一二例：

首先是萬慶寺白塔。塔立於城外東面東嶽廟前方，顯然是元代遺物。圓塔，高約二十尺，以磚築就，磚面抹白灰。塔中央與前後有券洞與佛龕，置有佛像。咸豐年間遇太平天國之亂，罹兵燹後損毀頗嚴重。光緒初年基於保存古蹟之目的進行重修，及至今日[1]。

其次是城內之元代高塔。高約二百四十至二百五十公尺[2]，方形，十三層，磚構，

1 萬慶寺毀於一九一一年。著者在當時還能看到，實屬幸運，惟遺憾在此未附照片。

2 此處原文謬誤頗多。昆明高塔中有東、西塔、宜良的法明塔，皆十三層，但高度東塔為一百五十尺，西塔為八十

無法登上塔頂。各層密簷下有龕，置有佛像，其左右刻小塔形。此塔乃昆明最古老文物，當地人謂之元代所建。過去塔旁有大寺院，而如今廟宇不見蹤影，僅留佛塔。近期當地有志之士鳩資於塔旁仿建一座佛塔，但技術甚拙劣，遠不及舊塔。總之，於昆明城內值得觀看之古代遺跡有上述二塔。從斯塔保存至今之情況看，足以推斷元代當時佛教乃如何興盛。

南門外墓地還有一座石塔。七層，高約二丈五尺，由一塊石頭雕成，塔頂寶珠則由另一塊石頭雕成，與塔身兩相結合。石質為石灰石，形狀下大上小，八角形，下部刻四天王像。天王足踏小鬼，手持斧劍，身穿鎧甲。上部各層刻「釋尊說法圖」，圖中有聲聞[3]、菩薩、羅漢諸佛像。中間配置漢族情調之宮殿樓閣圖案。最下層刻力士蹲踞抬塔之圖案。皆半浮雕，刀痕遒勁且極精巧，過去似乎佛身通體尤其是天王臉面等處皆塗有顏料，然於今剝落，不可顯見，但彷彿間仍可看出有藏青、綠青、赤、黑等色料餘痕。相較日本古代佛像，此類做法與形制等，與日本平安時代以及之後情況相似。

尺，皆不超過四十公尺。又，東西二塔分別建於唐宋時期，並非元代。

3 聲聞，指聽聞佛陀之聲教而依教修行的佛家弟子。在原始佛教經典中，釋迦在世時的弟子不論在家或出家皆稱為聲聞，但至後世，聲聞被限定為出家弟子。對於「聞」的語義，經論之解釋頗多。如《大乘法苑義林章》卷二謂聲聞者：「聲」謂音聲，引申為佛陀之說法，「聞」謂聽聞。若修行者聞佛說法，信受精進而修行者，名曰聲聞。此即聲聞原本之字義，即指佛家弟子或篤信佛法者。

四天王左右空白處刻經文。余為作參考，拓片後帶回國請教高楠順次郎[4]文學博士，答曰乃藏語經文。因此該塔於學術上極有價值。塔或碑刻中所記載且被譯成漢語之經文經常可見，然此次旅途中迄未見過記有藏語經文之佛塔。當地人僅稱其有數百年歷史，然其由來卻不見有人傳述。從佛像形制與刻有藏文等情況判斷，似乎係元代作品。元朝曾一度征服西藏，極為尊崇與信仰喇嘛教，故而原有宗教漸趨式微。蒙古與西藏於佛教關係上相互接近，導致該佛塔刻有西藏文字，其宗教關係顯示於此絕非偶然。聊以記之，僅供後人參考。

法國人勢力

尚須記述者乃雲南省洋務局。近年來中國各省外國人出入頻繁，故各地巡撫衙門內皆設洋務局以辦理各種洋務。貴州也設洋務局，然其規模微不足道。相較於貴州，雲南洋務局規模宏大，秩序井然。局長年齡五十七、八歲，官位在知州之上，下設一名翻譯官辦理洋務。此翻譯官精通法語，接待外賓時頗熱情禮貌，遊客大感方便。余至昆明後，先訪問該局局長，提出擬向南旅行調查彝人之申請。局長立即為余辦好各類手續，

4 高楠順次郎（一八六六—一九四五），佛教學者，出生於日本廣島縣，本姓澤井，歷任東京外國語大學校長、東京大學教授，曾留學英、法、德國，將西歐的印度學研究方法帶回日本，監修有《大正新修大藏經》。

並向各地官衙及其他機構發出公文，使有關機構提供各種方便。

以下略微記述法國人於雲南之活動情況：在昆明之洋人，除極少之英國傳教士等外，大部分為法國人。雲南與越南接壤，因地理原因，法國人來往最為頻繁，以至於洋務局亦須雇傭法語翻譯。於昆明之法國人備受優待，即使是無官無職之平民百姓，於來往行走時遇上中國士兵，亦必受到士兵舉槍敬禮。至於官員則更不必說，無論行走何處，皆受到禮遇。故其對雲南政治、商業等各領域之影響之大，超出我國國民之想像。當下於越南至昆明之道路沿線，法國人正大力發展電信、郵政等事業，其他事業亦如日中天。反觀日人表現又如何？眼下除余一人在此孤影飄蕩，並無一位日人居住於此！思之感慨無量。

第四十章

向雲南省南部邁出之第一步

十一月二十六日離開昆明，踏上向雲南南部考察「蠻族」之征途。目的地是珠江上游地區與流向越南之湄公河上游地區，即彌勒十八寨、通海等區域，位於《馬可・波羅遊記》所述Anin一帶。該地區廣泛分布彝族，似乎苗人亦略有棲息。此外還有許多彝人分布於雲南西北部，早先苗人亦以此地區為其最終分布區域，故為徹底研究苗人，亦不能忽視此方向。與此同時，於研究彝人方面，該地區亦最為趣味綿長。

出發時，洋務局為余特派兩名親兵以作守衛，還讓昆明縣隨派親兵兩名及其他驛丁於途中照顧，直至返回此地。清晨出南門，即初來此地時經過之帶三層門樓之城門，過橋後來到城外，眼前曠野一馬平川，四望無際，推想過去此一帶曾為寬闊之湖面，而如今則處處被開墾為良田，其間有一條大路筆直通往前方。大路兩側田地間，有無數小路縱橫交錯，經緯井然，如棋盤狀。大路邊列植柏樹，見此如見我東海道[1]行道樹之松樹。該柏樹生長繁茂，既可遮蔭，又可防風，年深月久還可成為良好建材，於交通、經濟上皆有種種好處。此間經過許多小村落，行五里至小板橋驛。此地名與日前經過之板橋驛有關，約二百戶人家，街道呈一條直線，房屋秩序井然，飯館、客棧等列身其間。該地地勢平坦，然海拔比昆明高出約十五公尺。余在此小憩。

從小板橋出發，拐向左方道路，行走三、四百公尺後可見前方有一座小山丘，下方有村落稱Tasiyopu，約四十戶人家，居民皆「散密彝人」。又向前行走三里左右，拐向南方，須臾間登上一座小丘頂。此處海拔比小板橋高出二十五公尺。站立丘頂遠眺，右方可見一大湖泊，宛如展開一面大鏡子，彼即滇池。無意間余竟來到滇池湖畔！只見湖水環丘，丘後更有一線山脈蜿蜒奔走，丘陵與湖水間係平坦之沖積平原，乃過去曾為湖面之處逐漸被泥沙淤埋，方形成如此地貌。附近田地種有許多仙人掌，為過去旅行中所未見。經過此地又行走不久，前方可見呈貢縣城。於丘陵上行走二里地到縣城。縣城位於滇池東岸丘陵上，盡得山川形勝。登丘頂俯瞰，湖泊全景盡收眼底，湖上往來漁舟似乎伸手可得。實乃眺望之極好場所！縣城城牆以磚築就，城內約五百戶人家，房屋結構

1 東海道，日本江戶時代五大國道之一，即從江戶到京都、沿海岸行走的大道。

皆典雅、匀稱，客棧多。余選擇其中一間投宿。

春、秋兩季一起來臨之景色

十一月二十七日上午七時，出呈貢縣城東門向東進發。路在丘陵上蜿蜒向前，土層依然赭色。是日朝霧籠罩，四顧茫茫，寺廟、民宅若隱若現，見之如欣賞水墨山水畫。途中經過某田園，園中多種植桃樹，可想見盛花時之美景。

過桃林，進山路，途中又遇見拖牛曳馬之人群。據云乃駕馭牛馬背負木炭去昆明。余一行到Kanoso。村落約有五、六十戶人家，村民風俗大致如同漢人，然從其相貌舉止判斷，恐乃漢化「蠻夷」，尤其是婦人足特大。繼而到Kusoninsi，約數十戶人家，居民為漢化「散密彝人」。又向前行走五里到一個小集鎮。集鎮名七甸，約三百戶人家，今日逢墟，附近村落人們聚集於此，其中亦混雜「散密彝人」。此彝人居於距此十五里左右之處，風俗如前述，然不同之處在女子頭髮。其盤髮方式極簡單，即束髮後捲成「の」字形，上裹黑布。此處女子或賣草鞋，或賣柿子、梨子等。

過七甸後轉為緩坡道。途中見到坡下一兩個村落。路旁盛開各色花朵，頗可慰藉旅情。一路上余採集花朵，不知何時竟到達坡頂最高處。此處有小廟，海拔比昆明高一百八十公尺左右。從此道路轉為下坡，山下係大平原，數個村落點綴其間，又有一個大湖橫亙面前。此為楊宗海，碧水蕩漾，湖面不見一艘船舶，湖邊松樹繁茂，風光明媚，有人家散布其間。與上坡道相比下坡道極陡，余等如從山頂墜落般急衝下山，來到湖畔。湖畔比此前有廟之山頂海拔低二百六十公尺。於山上時，曾以為余等在小丘上行走，然眼下在平地仰望小丘，彼卻陡然變為聳立之高山，其山脈沿湖向南奔走，經征江、臨安各府一帶，蜿蜒至湄公河沿岸。實則楊宗海與此山脈並行，湖面漣漪陣陣，惟拍岸之波浪令人略有蠻荒之感覺。水鳥飛渡，似欲為余傳遞家書於故鄉，催生旅人鄉愁。沿岸一帶或為平原，或為丘陵，其間有田地，麥穗青青，菜花、豌豆花盛開，一派春天郊外景象。眼下乃十一月下旬，日本內地已然草木經霜，景物氣氛蕭然肅殺，情趣皆失，惟覺哀愁，而此地則瀰漫一派恬靜、悠閒之大好春光。雖說此地位於中國南端，然氣候有如此差異實可心驚。

沿湖岸行走時，屢屢遇見背負大米之馱馬群，亦遇見身負背簍運送梨子之腳伕，恐皆向昆明運送。路上還看見賣柿子之小姑娘。穿越丘陵後到七孔關坡。如其名，此處過去有關口，屬要地。集鎮位於山下低窪地上，約有三百戶人家，房屋美觀，有溫泉，附近多有人來此浸浴。浴場設於溫泉流出之河中，男女有別。河流水深，集鎮沿河而建。郊外有小湖泊，鴨子等家禽於池中戲水。從湖泊形狀與附近一帶地形判斷，過去從湖邊到集鎮曾為大湖。該地勢甚低窪陰濕，夾於丘陵與丘陵狹縫間，前面僅一面豁開。丘陵上闊葉樹密生，此時不愧為深秋季節，萬葉皆紅，倒映湖水，美不勝收。此一帶植物生長狀況與我國大相逕庭，一面是麥穗青青，菜花金黃，顏色交錯，春光蕩漾，一面是萬山紅遍，層林盡染，蕭瑟清麗，秋色連天，亦即春季、秋季一齊來臨，萬木千草，競相爭豔，令人有在現場做邯鄲夢之感覺。

余決定今夜投宿此地，待走進某客棧時，已是下午二時半。恰好今日平定廣西土匪，準備返回昆明之軍隊亦在此投宿，其混亂局面不可言狀。而所謂之士兵亦為需要時臨時雇傭之戰士，故幾乎皆為無賴，既無節制，又無紀律，喧囂嘈雜，直至深夜。余一夜無眠。

第四十一章

自七孔關坡向路南

十一月二十八日上午七時離開七孔關坡。出東門行進數百公尺，回望街鎮方向，只見霧鎖紅土丘陵，東門外小湖泊一帶風情絕佳，經霜之紅葉沐浴朝暉，色彩更濃，所謂「霜葉勝似二月花」即此景也。地面為沖積層土壤，猜想過去此處為湖底。向東方行進五里後平地結束，一行人開始登山。此地海拔與昆明相同，道路兩旁見到兩個村落。

山路崎嶇甚陡，四處可見崩塌之岩石橫臥路中，余居然能策馬，於此險峻坡道攀行。並非余馭馬技術高超，而因為此馬乃雲南馬。若騎日本馬則根本無法登上此山坡。途中有「湧泉亭」碑，記述山下湧出之泉水有治百病之功效。再攀登一段山路，見到一個值守哨卡。由於此處行路者少，光天化日之下，亦時常有強盜打劫，故設此哨卡以作警戒。再攀登後臨近山頂，暫在此歇腳。回望來路，方才經過之平原伸展於下方，道路痕跡歷歷在目。終至山頂，山頂比山麓海拔高二百四十公尺，稍平坦，相當開闊。

從此開始又轉下坡。行十里到靖安哨。山頂下方九十公尺處有數十戶人家，村內有觀音廟。此處坡陡，但行路並不十分困難。看來乾隆年間此山路經過修繕，路邊立有「修道碑」，刻寫修路經緯。於碑下小憩後，進入一家怪異小店，購買此店出售之年糕作為早餐。再下山行二百公尺左右，俯瞰山下，平原悠遠開闊，盡頭處有一列山脈自南向北奔去。彼山脈四列並行，前面有大河似長蛇游動。其間處處又有小湖泊，如開一扇扇鏡面。河畔有人家，平地有田疇。再下山走一百六十公尺左右到山麓。山麓有一溪流，溪上架石橋。過橋後前方可見宜羅縣城牆。經過一個村落後來到堤壩上。堤壩兩旁種行道樹，紅葉、綠葉參差交錯，亦美觀。又過一橋後行五里到宜羅縣城外。縣城位於與山麓等高之處。因趕路未進城繼續前進。城外房屋亦鱗次櫛比，儼然成為一個集鎮。「散密彝族」婦女往來其間。

方才翻越之山嶺，海拔高度為四百六十公尺左右，而前日翻越之楊宗海畔山嶺，海拔高度僅二百六十公尺，故相較行路難易，可知今日道路乃如何艱險。從宜羅縣城外道路向東行走，來到方才從山上俯瞰之大沖積平原。沿一小河溝前行，須臾間又來到一條大河旁，幅寬約一百公尺以上。此即方才遠望之河流，水深十尺左右，流速頗急，向東奔去。無庸置疑，此即珠江上游之一。附近一帶平原皆旱地，種有麥、豆、油菜等植物。此時黃花綠葉如海，風吹掀起陣陣波浪，奇香馥郁，襲捲征衣，其間伴有蝶舞鳥鳴。天氣晴好溫暖，宛如三春時節，終究與晚秋初冬景象無緣。

與彝人相遇

一路行進在此大好風光中。此間於觀看農夫耕田時，無意中發現混雜著兩名彝人婦女。其裝扮與過去所見「散密彝人」大異其趣。因戴帽，無法具體看清頭髮狀態，然一見即知，其與臺灣「生番」相同，頭髮於前額中央分為兩處，髮髻處以下辮髮，並盤於大腦四周，髮中辮入紅色細繩，相較一般「蠻夷」頗顯美豔。渠等身穿薄短裝，腰紮紅麻布圍兜。余如此一面觀察，一面沿河左岸行走，行五里來到某河流彎曲處。此處有渡口，對岸乃村落，名城沙塘。渡船係盒狀小舟，僅有一艘，乘客頗擁擠，余又為引入馬匹，花費較多時間與精力。自余離開貴州毛口驛，乘坐北盤江上游渡船後，至今皆奔波於山嶺之間，故能在此再次乘舟，多少有久違與珍奇之感。不久船到城沙塘，上岸後行走不久，道路通往某丘陵間，路旁果園中種有杏、石榴樹等。又經過許多村落。此一帶居民皆務農，風俗與前述昆明附近之村落無異，但各家各戶入口皆掛圓板，板上畫有石敢當式太極圖，兩「巴」內有眼，頗覺新奇。尚須特別記述者，乃某處低窪地湧出鹹水。

經過 Yiluntsuan 村落後，平地完全消失，又須攀登山嶺。此山嶺即今早下山時所見山脈中首座山峰，無路，且險峻，而余乘坐之雲南馬卻毫無懼色，輕巧攀登前行。於山腰處暫駐馬四處眺望，只見剛才經過之城沙塘以及散布附近之河流、平原之小湖泊歷歷在目。從此地勢判斷，自山麓至橫亙宜羅縣城之大平原過去亦為湖底。不久到達海拔四百公尺左右之高地。此處稍平坦，松林繁茂，故將馬繫於樹下，一行人在此小憩。從山麓到此地有十五里路。因山脈由北向南延伸，故余一行須自西向東穿行。休息間遇上從宜羅縣來此引路之一名壯丁。此壯丁腰佩青龍刀，作風行事頗怪異。此時日將西沉，路途尚遠，故短暫休息後立即上路。山愈深，路愈險，四周寂靜無聲，附近僅見一個村落，約十來戶人家。行數百公尺，有田地，見一名彝人少女在耕作。過此村落後，進入無人之境，行五里到 Tauku。此村係貧寒小村落，僅十五戶人家，其中十三戶是漢人，兩戶是彝人。為調查彝人，余與翻譯等暫時告別，僅帶兩三名壯丁留宿此處。

第四十二章

調查彝人

此附近一帶山區過去乃彝人大本營，之後因漢人入侵，方形成雜居狀態。今日此地以漢人為主，彝人不過殘留少許，僅作為悲憫之紀念。Tauku 村落可謂該狀態代表。余進村訪問彝人某家庭時，庭院中有一個十二、三歲男孩，於日暮中與母親一道不停地清掃院子。渠頭戴漢人帽，身穿與臺灣「生番」相似之半夾襖，腰紮麻製腰帶。母親盤髮方式與前述無大差別，惟在纏繞之辮髮中加入紅絲線以作裝飾。裙裾與漢人婦女低級服裝之裙裾相同，然上衣特意使用麻布，其製作方法與漢人婦女普通之製作方法略相似。根據母子相貌體格，一見即知其為彝人。

余向渠等詢問單詞，然渠等戰戰兢兢，一副提心吊膽之神情，答曰「我等不解汝問為何」，並頻頻欲一走了之。渠等如此恐懼，係過去遭受漢人欺壓之結果，恐與余著漢裝，被誤認為漢族官吏亦有關係。然而為調查，余須知渠等使用之單詞，故欲在村中選擇一位見過世面之漢人，將余之意圖轉達給母子，並得到明確之答案。此時從旁邊屋舍走出一位男子，即方才與余應對之婦女之丈夫。其服裝似與普通漢人農夫無異，然布料使用麻布，不問即知其為彝人。男子似乎知道余之意圖，爽快答應後，將余一行引進屋內，但待在門口之犬，見余即一邊狂吠，一邊追趕上來。此地各家各戶皆飼養兩三隻猛犬，以防盜賊或土匪。其性情暴躁，一見陌生人或形跡可疑者即狂吠不已，有時還會咬人。見余有危險，主人急忙拿起木棍一陣亂打，之後狗方逐漸安定下來。進屋後一看，名曰是家，實則為稻草小屋，如同倉庫。其低矮簡陋程度，比漢人中最貧困者房屋猶有過之。渠等以務農為生，主要種植玉米與小米，僅能勉強糊口。渠等於體格上，是彝人乃不言自明之事，然於風俗語言上，與過去所見「散密彝人」有所不同。渠等自稱 Niyamitan，蓋以今日攀登之山嶺為界，彼「散密彝人」與此「散密彝人」分布有別。從此事實得知，此附近一帶地界皆 Niyamitan 彝人分布區域。又根據其聚落之殘存狀況，略可推斷昔日此地皆渠等大本營。

調查之際，日已西斜將暮，故余心急如焚，匆匆辭別。翻越山嶺一段時間，道路轉為下坡，右側是深淵，前方是連綿群山，此時在山嶺處又發現有二十來戶人家，恐亦為彝人部落。行五里到 Tonzedingu，此乃二十戶人家之山村。又走五里地到 Syoatsun。

此處開始道路再次轉為崎嶇之上坡路。不久到達山頂。此處為群峰中最高峰。是時天已大黑，四周漆黑一片，路亦益發崎嶇，行進非常困難。幸好壯丁中有人攜帶燈籠，故使其為先導，一行人一面相互招呼告知危險，一面徐徐向前。此燈籠形似日本小田原燈籠[1]，極大，上面記載知縣姓名。中國自古以來官憲權力極大，故手持寫有知縣姓名之燈籠，途中所遇之人均須讓道。有此燈籠後，勉強可以行路，然崎嶇之山道，處處有岩石突起，動輒即有跌倒之危險，尤其道路右側乃萬丈深淵，黑暗之山澗底部，不時傳來水激岩石之聲響，令人恐懼。真可謂一步踏錯，萬事皆休。一行人戰戰兢兢，萬分小心，一步一頓，勉力向前。好不容易走到山腳欲透口氣時，不料路邊處處是水坑，一行人有多人誤入坑中，腰部以下皆泥濘不堪，其不快難以言表。千辛萬苦走五里後到老牛阱。是時下午六時三十分。

向路南廳進發

在此處與方才分別之翻譯等人重新碰頭。村子僅有十幾戶人家，無客棧可投宿，故必須走到路南廳。一行人用過早餐後至此再未進食，且疲憊不堪，但仍互相鼓勵，勉力

---

1 小田原，位於日本神奈川縣西南部，自古以來就是翻越箱根山的必經之地。小田原燈籠據傳是江戶時代在小田原製作的燈籠，細長圓筒狀，可伸縮，行走時攜帶方便，多為旅行者使用。

向前。在命令村民準備火把後不久，即有四、五個男子懷抱稻草或竹片、木片跑來。點火後讓此人在前頭行走，後面之人跟著開始行走夜路，其場面頗為壯觀。行五里到路南廳城外，欲從西門進入，然因入夜，城門緊鎖，久叩不開，不得已只好迂迴至南門。此時據說附近居民為如此誇張之隊列，與夜深時人馬喧囂聲所驚醒，以為土匪來襲，故手持鳥槍等急忙起床，一時間狼狽不堪。因為中國官員無論發生何事，皆不會於深夜燃火把進城，居民誤將余一行認為土匪來襲，亦情有可原。之後有官員聽說情況不對，急忙帶領兩三名小吏出城，問明真相後始放下心來，將余等引入客棧。是時早上七時半，是日行程八十五里，旅程之長為過去所未有。路南廳位於丘陵上，海拔比昆明低二百公尺。

第四十三章

進入路南彝人之領地

十一月二十九日，天氣晴朗，頗覺寒冷。上午七時離開路南廳，出東門向東走時，大霧瀰漫，不辨咫尺。行五十公尺左右來到一河畔，此為昨日乘渡船所經過河流之下游。渡河後沿丘陵上方行走二十里後，霧始漸漸散去，於左方看見一個村落，約二十戶人家。此一帶山嶺皆由石灰石構成，因風化作用侵蝕十分嚴重，其形狀或如房舍，或如宮殿，或如蛟龍，或如猛虎，或如佛像，千姿百態，無法形容。余於中國旅行中所見之奇觀以此首屈一指，故拿出相機拍攝。再向前走，道路忽然轉為上坡，途中迷失方向，進退失據，幸好遇上三、四名彝人，得其指點後方知前進方向。再攀行到一處海拔比路南廳高出二百五十公尺之高地，看見零零落落散布之人家，皆彝人居所。余照例率領兩三名壯丁進行家訪。

此村彝人方言謂之 Atsulon，約十來戶人家，屋頂皆鋪草，四壁按壘磚方式以乾黏土築就，其形狀與普通漢人村落不同。村民裝扮與日前所見者不同之處在於，用厚布於頭上包裹二至三層。婦女與前述板橋驛「散密彝人」相同，肩披羊皮，腕戴手環，跣足。此村距路南廳三十里，山頂處海拔比路南廳高三百七十公尺。再攀行一百公尺有一座高塔，想來位於最高峰。此高塔從附近任何方向皆可看到。從此開始，道路非石灰石路即赭土路，於是翻山復翻山，上下又上下後始來到開闊平原。然而因此地為高原，尚且還在山區，其面積僅方圓幾十里，四望頗空闊，惟有星星點點之矮樹散布。橫穿五里路，於海拔約下降一百二十公尺處見有兩三名彝人使用水牛耕作紅壤土地，於是上前詢問汝為何地人，答曰向東走十里有彝人村落，稱 Wicchi，我等乃彼村人。

又走五里到 Suippu，僅四戶人家，皆貧苦，咸以出售飯菜給旅客為生，其中有一個小客棧，低矮簡陋且不衛生，入口招牌上題寫「西蜀客棧」。因詞語過於誇張，故問其來由，據云店主原為西蜀人士，故有此驚人之語。於此處將翻譯事先帶來之大米烹煮後充作早餐，小憩後又開始行路。因地勢平坦不免單調，其間於多處見有人在田間耕作，皆彝人。還遇見兩對彝人男女趕牛車運草走來。走二十里到大麥地，此處為山區小村落，屬彌勒、路南間山道驛站，戶數二十許，雖不完善，然客棧、飯館等一應俱全，居民為漢人，但因在村口田間見有彝人耕作，故可知於此驛站附近亦有彝人居住。

是日行程六十里。途中所見村落在山上僅有 Atsulon 彝人聚落，在 Suippu 有數家飯館，然下山後所遇山民皆彝人。如此看來，此附近一帶區域可稱為路南「蠻地」。今夜投宿大麥地。

第四十四章

珠江上游彝人

十一月三十日，晴，上午七時離開大麥地。今日預定一面訪問彝人村落，一面前往彌勒。余一行於霧濃不辨咫尺之丘陵地帶，上上下下之後霧漸漸散去，四處可見彝人使用水牛耕田。又於某處見兩名彝人小孩持網捕捉岩石上小鳥。此附近一帶為赭土地質，然時而亦有石灰岩露出，呈現種種奇觀，大樹似乎僅限於松樹。

行二十里後，右面山上可見一簇房屋，此即今日欲訪問之彝人村落。從大路向右拐，走二里左右始達此村落。村口多種果樹，有梅、桃等，村名「法矣哨」，共四、五十戶人家，分散在一個小湖泊四周。村落於丘陵上，缺乏飲用水，故為利用湖水才分布在湖泊四周。然此湖水不甚清澈，鴨子在水面游動。房屋結構與漢人居所無異，反倒是昨日經過之 Atsulon 村更具有傳統建築風格。村中混居兩三戶漢人，餘皆彝人，渠等自稱 Asibu，又稱村名為 Beiji。此處為路南廳管轄之最偏遠之地。

男子相貌與 Atsulon 村民相同，上衣皆以麻布製成。其麻布衣服有兩種：一種與臺灣北部「生番」服裝相同，一種係模仿漢裝製成，然此漢裝帶有彝人傳統風格，裾長袖窄，下身穿類似漢裝黑棉細筒褲之褲子，腰部紮帶，皆跣足。大人小孩皆戴漢帽。女子盤髮方式與前述無異，然新奇之處在於：耳戴銀環，脖掛大顆玻璃珠串成之頸鍊，頭裹黑布，其上裝飾用許多貝殼串起之頭飾，等等。

需關注者乃渠等自稱，僅本群落將貝殼視為最珍貴之物品，貝殼或傳自遠古，或襲用於祖先。是以得知斯貝殼並非近期物品，何況此地遠離海邊，其珍貴程度可想而知。其他地方使用貝殼者有臺灣「生番」，尤其是居於嘉義番薯寮山頭之阿里山族等「番族」。不過據云中國西南「蠻夷」過去廣泛使用貝殼，《馬可・波羅遊記》亦記述雲南、四川「蠻夷」以貝殼為通貨，恐即指此貝殼。中國文獻記載中國古代普遍以貝殼作為貨幣，而斯貝殼至今仍作為彝人之裝飾品，可謂極其有趣。

女子以麻布製作上衣，不施半點圖案，半漢半彝式樣，穿漢式窄筒褲，顯著特點為未紮蠻式腰帶。此外，腕部戴手環，腳踝紮一根繩，肩披前述羊皮，其綁繩亦施以紅絲線刺繡。於此村可見許多婦女使用披肩背負小孩。

男女皮膚皆黃褐色，不像其他苗人為全黃色。直髮，色黑，圓臉，面部鬍鬚少，眼眉不似蒙古人，身材大凡矮小，偶有身高者。女子多患甲亢病，不由讓人想起臺灣Bunun番人[1]。Bunun番人居於臺灣中部山區，以患甲亢病人數眾多而聞名。據村民說，此村語言與其他彝人語言不通。結束調查後余欲為村民拍照時，男子皆欣然接受，而女子則悉數逃之夭夭。離開村子，走下山丘行五、六百公尺到大路時，遇上三位彝人女子背負小孩邊說話邊迎面走來。余下馬欲為其拍照，其中一人答應拍照，然另兩人堅辭不就，不得已只好讓斯人直立拍照。

之前余使一士兵造訪某村，此時已返回，回稟彝人已在等候余一行造訪，因此余策馬飛奔，下坡疾馳二里地左右，見數十名彝人正吹奏嗩吶作為聯絡信號，等候余一行。渠等係此附近麻衣哨村民，極盼余等訪問彼村，然余聽說彼村風俗與已見過之村落大同小異，故謝絕其好意，並以余等尚未用早餐為由，邀渠等一道去花口，渠等歡快答應。余之邀請還包括順便調查其體格之意圖。渠等五、六人手持殘缺不全之火槍，為余發槍數響以作祝禱，同時還吹起嗩吶，浩浩蕩蕩走向大路。然因渠等行走間不斷重複相同動作，使余馬每每受驚。余心略痛惜。

途中於各地耕作之彝人男女，見余一行即扔下農具，平伏於地表示歡迎。於異鄉僻

1 指布農族。

壞受到如此歡迎，為余夢中所未想見。其中有許多人加入余等行列中來，且沿途人數還在不斷增加，道路因此喧鬧非凡。惟行走在毫無變化之丘陵路上，不免感到單調。行走不久來到一條大溪流沿岸，此溪流叫山金河。沿河行走於中午十二時左右到花口。

花口位於連接路南與彌勒之通道上，亦可稱驛站，漢人、漢「蠻」混血兒等居此，雖不完善，然客棧、飯館、茶館、鴉片館等一應俱全，約百餘戶人家，街道稍整潔。從大麥地到此距離為三十五里，集鎮建於比法矣哨海拔低二百公尺之低地與從彌勒流出之溪流沿岸，風景絕佳，於過去彝人大本營中似屬屈指可數之好地方。在此用過早餐後，調查渠等體格等並拍照。此間亦有許多人聚集而來，故擁擠不堪，余費兩小時方結束工作，於下午二時離開此地。

與之前相同，沿山金河左岸前進。此溪流發源於附近之蛇花山，至東面彌勒縣城一帶，與北方流來之河水合流，南流後又接納更多河流進入廣西後始注入珠江。故可謂此溪流為著名珠江上游之一，今日所見之彝人似可稱珠江上游彝人。

從花口走出兩三百公尺到 Tanlinsi，約五十戶人家，村口設三層牌樓，以安置雷神。連日來僅見山中寒村荒驛，不料今日見到此三層牌樓，大有久別遇故人之感。沿溪流而下時頻頻回望，該三層牌樓矗立於河畔，似與余依依惜別。此一帶道路與早上單調之丘陵道路不同，位於溪流沿岸，景色變化多端，樹木亦多，樹葉紅黃交錯，倒映清溪，具有秋天山水意趣，實為久違。從此處離開河岸轉向山路，不久間見一匹馬斃命道中。恐為運貨馬匹，斃命後似經十日以上，此時蛆蟲翻湧，臭氣薰天，無法靠近。雖說山路行人稀少，然拋棄如此不潔之物，且無一人將之運往他處，據此可以推測此一帶人情世故如何。

第四十五章

花口附近之「狆家苗」

離開花口，行五里到 Lukusonjie。此處海拔比花口低一百公尺左右，地形開始變化，赭色丘狀山脈分列左右，逐漸遠離，其間是廣漠平原，中央流淌山金河，河畔一帶有水田，旁邊分布星星點點之村落。據云從此地走二十五里，可達彌勒縣城。

離開 Lukusonjie，渡過某溪流上石橋，見兩名老嫗於橋畔樹下兜售水果。依余之見，其中一人明顯族類有異，既非漢人，亦非彝人，於是便問：「汝為何方人士？」可總不回覆。經不斷催問後始知其乃「狆家苗」人。「狆家苗」人於貴州省一章已有記述。再問其居住地，答曰在此以北十五里之 Talayitsun，村落約有二十五戶人家。渠體格與貴州「狆家苗」人相同，風俗等亦同。頭裹白棉布，穿黑色長布裙，有襞皺。上身穿花布筒袖裝，衣領處有紐扣，以此圍合衣物。患甲亢病，頸部腫大。

余又調查斯語言，發現與貴州毛口驛附近「狆家苗」語言相同。今舉「狆家苗」詞彙中數詞為例：一讀作 Pu，二為 Sonpu，三為 Sanpu，四為 Seipu，五為 Hapu，六為 Lopu，七為 Seepu，八為 Heiipu，九為 Kapu，十為 Chopu。余曾有說明，「狆家苗」地理分布以貴州、廣西為主，亦延伸至珠江上游。今日在此見到「狆家苗」老嫗，又聽聞其居於此地北部某村，蓋緣於此地位處珠江上游，絕非出自偶然。由此看來，從此附近河流到貴州、廣西一帶地域，似乎總體屬「狆家苗」分布區域，而此一帶又是該民族分布區域之最終地點。蓋渠等最初沿珠江溯流而上，之後又遷徙各地，但來此附近一帶後，接近彝人大本營時受阻，形成其最終分布線。據老嫗說，渠居住之村落自古就在此地，並無祖先從外地遷入之傳說。由此看來，「狆家苗」移居此地已有相當時間，傳說故事等皆湮滅不傳。《南詔野史》記載：「三苗之後有九種，黔省最多，流入滇中者，惟狆家花苗。云云。」足證余之考察所言不虛。

給老嫗拍照後繼續乘馬前進。道路益發平坦，海拔亦各相同。一路直線向南進發，途中經過幾個村落，行十里許，見右方平原丘陵上有城牆，彼即彌勒縣城。日暮時分到城門，投宿城中客棧。此地海拔比昆明低三百五十公尺，知縣衙門在城內。明日欲調查附近一帶之彝人，故當夜余與翻譯一道拜訪知縣，告知目的後歸宿。是日行程六十里。

第四十六章

彌勒附近之彝人

十二月一日在此附近一帶調查後又返回縣城住宿。

此地原為「蠻夷」大本營，至元時逐漸有漢人遷入。渠等建造城池，並原樣挪用過去「蠻夷」地名，稱彌勒。自此地以迄南方通海、阿迷等地即《馬可・波羅遊記》記載之Anin，可知馬可・波羅於元代已到此地旅行。《馬可・波羅遊記》就當時狀況記述如下[1]：

Anin 乃中國南部地區之一，此地居民順從元朝，信仰偶像。渠等以畜牧

1 原文係日文，以下文字由日文迻譯為中文。

或農耕為生，使用固有語言，男女手足皆飾以金銀價高飾品。此地盛產牧馬，以此大量售於印度人，獲利不少。亦飼養大群水牛、黃牛等，建有良好牧場，故房屋亦甚宏偉精美。云云。

馬可・波羅還記述：「穿過孟加拉（今孟加拉灣附近）至考基克（今法屬東京[2]）間三個國家行程須三十日。余擬明日自 Anin 一部之彌勒前往之地，位於東方，預計行程約須八日。」

《馬可・波羅遊記》中之 Anin，即今日通海以南之阿迷州。阿迷元代稱阿寧，馬可・波羅旅行時應當亦讀作阿寧，故其根據音讀記作 Anin。此後似在明洪武十五年改稱阿迷州。通過考察元代狀況以及觀察今日彌勒城外一帶尚居有許多「蠻夷」，可知元代時此地尚未有漢人居住，悉為「蠻夷」。

上午八時離開彌勒城。兩三天前開始，自清晨起連續大霧籠罩，涼氣逼人，然今日頗罕見，自清晨後即煙消霧散，日光熙熙，恐係廣闊平原所致。出城行進少許即可見「蠻夷」村落。

---

2 考基克，越南北部的古稱，中心城市係河內。

此時前方有一條河流淌，寬約一百公尺，色帶黃，流勢甚急。彼即昨日沿岸所經過、其下游注入珠江之山金河。河上有大石橋，欄杆上刻有兩隻獅子。恐此處過去有精美大門，但不知為何被毀，空留形跡至今。過橋向南走，發現此一帶土地乃由河流淤泥堆積而成，海拔比昆明低四百五十公尺。於如此平坦、毫無變化之地面行走五里許，經過一兩個村落來到一處丘陵地帶。自此開始改在丘陵上行走，前方滿目赭土，雜草叢生，不見大樹。景色如此單調，故策馬狂奔，一口氣飛馳十五里地，始達有人居住之處。至此一帶土地屬荒涼無人區域，無特別記述之必要。

眼下所在之處為彝人村落，僅八戶人家。村內赭色土地上處處長有些許樹木，頗有趣。此地附近海拔比彌勒縣城高一百公尺，村民自稱 Shojopoka。進村一看，房屋樣式與漢人農家無異，但家家戶戶皆養蜂，還建有豬圈，為其他地方所未見。此豬圈「蠻夷」謂之 Nepo，皆二層結構，也儲藏穀物，故與其稱豬圈，不如稱豬圈兼穀倉更為妥當。屋頂以草鋪葺，其樣式與我國古代井欄式建築[3]相同，交叉圓木壘積而成。

此處居民皆務農，然因耕地在貧瘠赭土丘陵上，故作物種類少，僅有玉米等。村落孤懸於丘陵之上，僅一個聚落，故有寂寞荒涼之感。男子裝扮同前述，惟女子穿藍色棉

3 原文為「校倉」建築，即不使用柱子，而是橫向累積三角形、四角形、圓形木材而建造的古代倉庫。日本古代建築中以皇家倉庫「正倉院」等最為著名。

布長裳，樣式與臺灣 Tsarisen 番與 Paiwan 番[4]婦女服裝相同，製法亦似與普通漢人婦女裝無異，然袖長掩沒手指，裾短僅及膝下，且衣袖與衣領處縫有赤色鑲邊作為裝飾。髮型與前述相同，戴耳環並帶手鐲。此風俗與馬可・波羅記述之狀況與昆明附近「蠻夷」狀態兩相一致，似乎自古至今了無變化。

村落背後有山，謂小獅山。余聽聞山內亦有「蠻夷」居住，故結束此處調查後改去彼處。道路逐漸轉為下坡，行二里多到山麓。自彌勒縣城遙望此山時，其不過似一小丘，形狀亦如一抹飄忽之雲霞，但到山麓一看，儼然為一座高山，而且山勢險峻如立屏風。山中土地亦帶赭色，與平地無異，然略有石灰岩露出。登山時發現別無可稱之為道路之道路，「蠻夷」往來時僅選擇人跡罕至之道路行走，而且多為險峻坡道，攀登頗困難。儘管如此，余坐騎照樣輕鬆攀登山路十餘里，最終平安到達山頂。山頂海拔比山麓高二百五十公尺，有一塊平地，兩三名彝人正在拖牛車運木材經過此處。此牛車從山頂彝人村落出發，前往彌勒縣城，據云在途中行走亦毫不困難。不論是牛，還是余之馬，其腳力皆強健無比。

沿山頂向東行走五里許，於中午十二時左右到某彝人村落。此即預定之目的地，村

4 即前述澤利先族與排灣族。

名Qiesimi，僅三十五、六戶人家，與過去所見彝人村落略有差異，保留傳統風俗。村子布局等頗怪異，房屋並非聯排集中一處，而是各五、六戶人家聚在一起，以星狀分布形成一個村落。村落中央有一個小池塘，村民皆從池中汲水。房屋結構亦有趣，與在雲南某村入口所見房屋相同，呈正方形箱狀，如切好之豆腐。四壁用日光乾燥之長方形黏土按砌磚方式壘成，屋頂橫鋪原木，亦成方形，糊有泥巴。根據情況，屋頂既可用作曬穀，亦可供孩子遊玩，並有一個梯子以方便上下。屋簷處插松枝，以使雨水流下。

此外，屋頂上方還另建有一個「倉庫」。具體做法是橫豎排列細枝條，使其成籠狀，大小可容二人，底部置放一個帶四輪之檯子，以方便移動。此倉庫一般用於儲藏穀物。除此倉庫外，房屋高度約為六尺許。入口僅開設於房屋前面。屋內分為三間，中間為餐廳，側面一間為廚房，另一間飼養豬、黃牛、水牛等。如前述，苗族房屋皆蓋兩層，二層為寢室，而彝人房屋僅六尺高，無法分割為兩層[5]，此為二者差異之處。此建造方法可視為雲南彝人房屋之典型樣本。

其風俗與前述彝人無特別差異，語言亦與山下所調查之彝人相同。渠等在彝人中屬白彝群落。雲南、貴州兩省係彝人大本營，其群落亦多，然總體可分為黑彝與白彝兩大

5 原文如此，無法看出彝人夜間睡於何處。

群落。黑彝自稱 Niseepu，而白彝自稱 Asipu。自離開昆明至今日所見之彝人，余個人認為主要是白彝。余想起在貴州郎岱附近遇見之彝人，渠等自稱 Nusipu。余發現彼 Nusipu 按此地彝人語言解釋，應屬黑彝。

於此處調查、拍照、測量數名彝人身高之過程中，發現一名彝人屬黑彝，居於距此處八里之村莊，名 Kasimi。余欲前往通海調查黑彝，事先能在此遇到此人不失為一個好機會。調查中不覺日已西沉，故急忙策馬下山，返回彌勒縣城客棧。是日往返行程二十里許。

第四十七章

前往通海途中所見之「花苗」

十二月二日踏上前往通海調查黑彝之旅程。今日預定到達去通海途中之十八寨，此間距離為八十五里，故天亮前必須出發。由於中國士兵懶散，故余在前晚不教渠等返回自己之宿舍，而將其留宿於余住之旅館，然到時渠等仍慢吞吞起床，只好拖至凌晨五時出發。渠等係從彌勒縣城派出之五名軍士，用作護衛兼嚮導。一行人到城外後，道路轉向南方。朝前看，從彌勒城延伸出之丘陵如長蛇蜿蜒，綿延於遙遠之東南方。恐此地屬珠江上游地域之一部。

行五里到 Ninsau 村，約二十戶人家，呈錯落分佈狀，海拔比昆明高一百公尺左右。於此處遇見兩名「蠻夷」婦女，似欲去彌勒城賣蘿蔔。其相貌、體格、裝扮等與居此附近之彝人不同，而酷似貴州苗人，探詢後得知果然係苗人。據說二人乃母女，母親今年四十歲，女兒十七歲，身材皆矮小，面部較大，與軀體極不相稱，膚色帶黃，屬苗族中「花苗」群落。渠等亦自稱 Mon，即與貴州「花苗」自稱相同，語言總體上與貴州「花苗」相似。惟一不同之處在於母親患甲亢病，此點須格外留意，因過去在貴州苗族中未曾見過。此母女居於距此地以東二十里之龍甸，村落約十來戶人家，居民皆「花苗」，風俗與彝人差異很大。即在額上束髮，盤成髻狀，上面裹白布，衣服與貴州苗族幾無二致，在右方合襟，上衣長至臍下，筒袖亦極短，下身穿裙，有襞皺。

余在此偶遇兩名「花苗」女子，又知道附近有「花苗」村落，故對此地「蠻族」分布情況多少有所洞見。余昨日遇見「狆家苗」，今日又在此遇見「花苗」，與過去想像珠江上游地區分布「狆家苗」與「花苗」之情況並無二致。蓋珠江發源於雲南東部，流經「狆家苗」與「花苗」過去繁衍昌盛之貴州、廣西兩省，故渠等「蠻夷」溯此江遷移至上游地區之雲南東部乃自然趨勢。余嘗讀《南詔野史》，其中記述：「花苗居於雲南境內，由貴州遷徙而來」，故益發信其為真，而今日到珠江上游地區親見其人，發現事實果與記述相符，因此得以在人類學與地理學上對此充分加以確證，乃余最為欣喜之事。

自此進入平原，道路兩旁有兩三個村落，四望皆不見樹木，惟有雜草叢生。上午十一時許到小坪地街。街名稱名不副實，實乃曠野中一個蕭條村落，不過是一處能給來往茫茫荒原中之旅客提供飯食與休憩場所之村莊而已。戶數約三十，皆農家，極不衛生。

從彌勒縣城至此約四十里，小坪地街位於到今夜預定投宿地十八寨之中間地帶，即位於交通線中心地點，雖說亦有客棧，但與日本之旅客帶米自炊之小旅店不相上下，極其簡陋，幾無可供余休憩之人家。只因前途荒涼廣漠，若不在此處用餐，則難保不發生於半道上晚間飢腸轆轆之尷尬景象，故不得已走進一戶人家，然出售者僅為苞米一類飯食，戶主說是大米太貴故不準備。「高價就高價吧」，余讓店主到附近購買，然買回倒出欲炊煮一看，大米帶有鐵鏽色，即所謂之紅米。如此紅米於當地亦被視為珍貴食品，輕易無法吃到。從附近老人、小孩等駐足圍觀，亦可知此言不虛。蓋土地貧瘠，當地只產苞米、甘薯、煙葉三種。

第四十八章

石獸[1]與「花苗」房屋

一行人吃完紅米飯，於下午零時三十分離開小坪地街，向西南方向前進，途中看見丘陵窪地有水田種植稻米，頗感珍奇。行五里到 Chatsun 村，約三十戶人家，村口安置石獸。昨日去小獅山途中於某村亦看見與之相同之石獸。按中國習慣，普遍將石獅安置於祠堂、廟宇或官廳前面，然此地置於村口，讓人頗覺珍奇，或為雲南當地特有風俗。

又在大陸型平原行進五里，見道路右側有數戶人家。房屋旁邊有小湖泊，岸邊種植些許樹木，亦有旱田，一名老嫗在耕作。從其裝扮看不像彝人而是苗人。於是命士兵前去詢問渠住所與屬何群落。老嫗見士兵近前，立即倉皇逃逸。余感覺有危險，但還是揚

1 石獸，原文為「高麗狗」，即日本傳說中的一種獸物。參見前譯注。

鞭策馬追趕上前，且讓一行人緊跟在後。疾馳五百公尺左右，見前方有湖泊，兩三戶人家建於湖旁。再前行七、八百公尺到達老嫗逃進之村落。此村居民皆苗族，村名為Kataju，約十五戶人家，屬「花苗」群落，與早上於途中遇見之苗人完全相同。由此觀之，可知此一帶略有一些「花苗」村落。

余擬逗留此處做些調查，然不巧村中男人皆外出，僅小部分女人與小孩在家，或許某地逢墟，多數村民趕集去了。余進村後，留村之人們以為發生何事皆驚恐不安，躲入屋內再不出來。剛才逃逸之老嫗起初躲進屋內不肯出來，但似乎漸漸明白事情原委，最終帶著女人與小孩來到余面前。其裝扮、相貌明顯帶有苗族固有性質，身材短小，臉圓，膚色黃。語言亦為苗語，與早上遇見之母女二人毫無差異。其裹頭布與普通苗人所用白布不同，皆紅布，衣服與前述母女相同，使用淡藍色布料，盤髮方式乃堆髻，然村中亦有兩三個女人模仿彝人盤髮方式。

最需關注者乃其房屋結構：長方形，縱深狹窄，左右兩端長，與日本古代井欄式建築完全相同。橫向壘積長圓木，於四隅處交叉，如作井桁。皆不用釘子，而以葛藤綁紮。正面開一入口，設雙開扇以開閉。二層結構，屋頂鋪萱草，坡度頗陡，屋脊上設

「千木」[2]，如在日本神社所常見。一層分三室，中間廚房，右間倉庫，左間牲口棚。二層鋪稻草，儲藏穀物，旁邊有一個房間，作為寢室。四面原木壁外還砌牆，用曬乾之黏土按壘磚方式壘砌而成。此類房屋結構多見於貴州苗寨，可謂斯民族特有之結構方式。何為彝人房屋，何為「花苗」房屋，乃以是否建有二層得以明確區分。因家庭情況有所不同，有人家另設豬圈於房屋橫側，其結構與房屋相同。相較貴州安順一章所述房屋，此地房屋結構更為簡單，然同為二層及其隔間方式等與安順「花苗」房屋無任何差異。惟一不同者乃貴州木料少，故以石頭壘砌四壁，而此一帶屋壁皆用原木。此類井欄式建築乃苗族固有建築，或是「花苗」模仿彝人之建築，尤須認真研究。然依余之見，其或模仿彝人亦未可知。

結束於該村調查與拍照後出發，不久又走上山路。彌勒城至此約五十里，地勢自此為之一變，地面坡度增大，道路逐漸崎嶇，樹木亦漸次增多，路面處處露出石灰岩石。在坡道幾度上下後終至山頂。山頂海拔比山麓高八十公尺。從此開始是無人區，雞犬之聲不聞。走二十五里地始見人家。再走五里許到一小村落，約十四、五戶人家，彝人與漢人雜居。此處彝人為白彝。從此開始地勢又為之一變，兩列丘陵左右相隔二十四、五

2 「千木」，交叉於神社建築屋脊兩端的兩根X字形長木。

里並排延伸，中間是平原，平原皆良田，有漢人與彝族女子等心無旁騖認真耕作。沿右方丘陵行走，道旁有一小湖泊，種有許多蓮藕，小舟浮泛其間，令人想見蓮花盛開時之美景。再走五里許來到一丘陵上，丘上多墳墓。於此前方可見今夜投宿地十八寨。日暮時分進入十八寨。是日行程八十五里。

第四十九章

十八寨之彝人

十二月三日逗留十八寨。今日恰逢墟日，眾彝人從附近各村落聚集於此。利用此機會余擬充分調查渠等體格並為之照相。

此地過去為「蠻夷」大本營，明嘉靖元年，為鎮壓「蠻夷」始在此設十八處鹿寨，因而有十八寨此地名。據說當時遷徙千戶漢人至此，並營建集鎮，然一時能遷徙如此眾多人口頗可存疑。但無論如何，此地位處要衝之地，故日後集鎮大為發展，如今戶數已超過一千，集鎮結構與道路狀況皆比普通縣城雄偉開闊。官衙設有一名武官，率領少數士兵駐屯於此。城內有文廟、武廟、城隍廟，於窮鄉僻壤此類建築可謂美輪美奐。城隍廟旁有一古碑，乃康熙五十六年所建，記述該集鎮之由來。廟前照例亦安置一對石獸。中國各地安置之石獅大凡體態消瘦，而雲南石獅則略有不同，體態稍胖，酷似日本神社前石獸。此處石獸亦為其中之一。另有一對石象站立石獸旁，乃余首次所見。隨著不斷向南進發，石象越來越多，蓋有象棲息之地距此不遠，自然會出現象之雕刻。如前述，於中國境內，雲南省保留最多古代風貌，上述諸廟三層樓結構也罷，華表形制也好，無論從何種角度觀察，皆保留明代以前建築痕跡。尤其此地廟宇與日本神社、佛堂結構極為相似。普通民房亦以木構為主，少用磚石，其門戶與帶瓦圍牆之形制，以及瓦之鋪葺方法皆酷似日本風格。不僅如此，而且其最為有趣者乃瓦之圖案有菊花紋，與我奈良地區一帶常見之瓦紋相一致。

十八寨居民係由外省遷入之漢人與土著混血之產物，形成一種獨特之社會組織，故與他地不同，自有一種特別氣質。其風俗雖與過去所見之風俗無大差異，然需關注者乃居民日常使用之煙具。斯煙具竹筒製成，徑三寸許，嵌入兩三個金屬環。下部設口狀突斗以裝煙絲，筒內儲水。通過水過濾，人從上部吸嘴吸煙，以火媒點燃煙草。斯煙具通行於彌勒、路南、十八寨、通海等地，主要產銷地區乃通海，恐係明代遺風。貴州使用之煙具與普通煙具相同，煙斗陶製，呈龍頭狀與竹管連接，與日本煙具等不同之處僅在於不裝吸嘴，而直接由竹管一端吸入。此地煙具與上述煙具相同，乃襲用煙草當年首次傳入中國時之煙具形態。今日中國普遍使用之金屬水煙筒，恐近年來才有。

余至官衙提出欲調查彝人之請求。接待之官吏乃中年人，不甚威嚴，聽余申請後，非常驚愕並試圖阻止。理由是此附近一帶彝人本性兇頑，過去屢屢進入漢人集鎮，妄圖逞凶。若此次調查不合彼意，難免又將引起軒然大波，因此不得不拒絕余之申請。余盡力說明原委，保證絕無危險，最終獲得允納，並得以動員當地鄉紳進行斡旋。是日當地袞袞鄉紳行動起來，調查場所定在當地義學（私立學校）。此地為窮鄉僻壤，而斯義學居然建築美觀，從其他地方聘請教師教育兒童。學生中亦有彝人子弟。據說今日彝人中略通文字者皆出自此義學。

於眾人準備期間，余等步出旅館，參觀街市。此時街市上「蠻夷」應邀接踵而至，至正午時分竟然擁擠到肩摩接踵程度，於是命此處士兵將集合之「蠻夷」帶到義學，余或調查其體格，或拍照，或記錄語言等。如前述，此附近「蠻夷」悉屬彝人各群落，尤其今日聚於此義學者，多數屬白彝與黑彝二群落。此外還見到名曰「阿者」之「蠻夷」，斯係彝人一個分支，人們一般稱之「阿者彝人」，而阿者則自稱為 Akiyapu。今日到此之 Akiyapu 居於距此東北方向五里之 Tolimi 村，漢人稱彼村為石頭村，風俗與彝人相同，語言亦無差異。此僅列舉數詞為例說明：一讀作 Qi、二讀 Yinu、三讀 Zi、四讀 Xi、五讀 Wunko、六讀 Fu、七讀 Xiu、八讀 Hi、九讀 Ku、十讀 Tsuo。

此一帶黑彝皆體格強健，氣勢威猛，身材高大，為過去所未見。《馬可・波羅遊記》亦記述「彝人身材高大」，近代著名旅行家巴伯及其他學者亦說過「彝人身材比歐洲人高大」，皆非虛言。余過去所見之彝人乃昆明附近「散密彝人」，並非今日所見之漢化彝人。此漢化彝人皮膚黃褐色，臉長，鬍鬚極少。男子服裝與漢人無異，所不同者僅相貌與體格。其風俗已然悉數漢化。女子衣裝為半漢半彝式樣，不用麻布，而皆用漢人棉布製作。頭裹摺成四瓣之黑布，從上方用繩子綁紮，耳戴銀環，相較過去其他地方所見之耳環，其體量要大。此類妝飾亦與《馬可・波羅遊記》Anin 地區一節所述相同，是以可知自古至今此地區風俗未有太大變化。

總之，過去於各地所見之「散密彝」、黑彝、白彝、「阿者彝」等名稱有異，分居各地，然從體格、語言上觀察則悉數一致，毫無差異，故將以上四者統稱為廣義之彝人並無不當，想來亦無人對此提出異議。反之，相較於彝人，苗族等族類則於體格、語言方面有很大差異，渠等與彝人並非同一族群，於此可得到確證。

第五十章

黑彝村落

十二月四日凌晨五時半，余與一兩名隨行士兵一道離開十八寨，向西面前進。城外田地精耕細作，長勢良好，如今葉類蔬菜、豌豆、蠶豆等正處於盛花期，黃白兩花競相爭豔，又似細微波浪起伏於微風之中，其景致與日本彌生[1]郊外景色如出一轍。行走約二十里後，道路轉為山路，赭土地泥濘不堪，且坡陡急，故攀登極其困難。從山上回望十八寨，集鎮籠罩於晨霧之中，旭日升起映照薄霧，美不可言。

行二十里許到 Tasotsu。此處為峽谷中一個村落，約十來戶人家，居民皆黑彝，其文明程度相較彌勒附近小獅山下彝人無大差異。從此處攀登一百公尺左右到達山頂時，地

---

1 彌生，日本東京都文京區某街名，亦為江戶時代水戶德川家「大名」（上層諸侯）到江戶謁見將軍時所居住的官邸所在地（現為東京大學所在地）。因在此地挖掘出許多陶器，彌生式陶器和時代名稱由此得名。

勢轉為丘式臺地，處處松林繁茂。有一個十四、五歲彝族男孩在砍伐松樹，據云欲將此售往十八寨市場。穿過臺地後，又攀登山道一百公尺左右，來到一處人稱 Wei 之黑彝村落。從十八寨到此二十里路，此地約有三十四、五戶人家，房屋皆按漢族風格建造，乍一看不像彝人村落，然其主要房屋與前述相同，係井欄式建築結構，於此方面仍嚴格保留該民族傳統風貌。

余至此村時已是上午八時左右。此時男子已去田間，惟女子四、五人留在村裡，故余派出使者，使其叫回土司。余利用此時間空檔說服留村女子，勉強使渠等拍了照。不久土司返回，其餘男子亦陸續聚攏身邊，一看皆與十八寨彝人相同，體格健壯，身材高大，男子裝扮與漢人無大差異，惟女子保留傳統風貌：辮髮，前髮盤在頭頂，上面裹黑頭巾。然此處裹法過去不曾見過，其頭巾一端長垂腦後，與我國御高祖頭巾[2]相似，當地人稱之為 Baheilun，上面有銀飾。另一個女子所裹頭巾樣式怪異，形狀與我國大黑頭巾[3]相似，仍用黑布。其衣服與漢裝無大差異，但上衣尺寸稍長。戴銀耳環，套銀手

2 御高祖頭巾，一般認為此說法源於其形狀類似於「日蓮像」中的頭巾，但也有人認為是因為其與 Okuso 頭巾相似訛音而得名，也有人認為與中國大明的高祖皇帝有關。係日本頭巾之一種，四角邊縫綁繩，將頭部全部包裹後僅留眼睛部分。主要用於女性。

3 大黑頭巾，因類似畫像和雕像中「福神大黑天」所戴的頭巾而得名。係一種側面鼓出、後方下垂的低邊圓形頭巾。主要為僧侶和老人使用。

鐲，此兩種銀飾與《馬可・波羅遊記》Anin一節所述完全一致。而腳則穿漢人鞋。上述裝扮見於成年女子，而少女又是另一番奇異打扮：稍留些許頭髮於前額與腦後，其餘頭髮皆剃去。此與中國古代繪畫中所見兒童髮型[4]相同，亦常見於日本孩童髮型。另外，頭上還戴帽，當地人稱該帽為Tonyi，蓋皆明代遺風。於此方面，此地女子風俗與彌勒、路南一帶大異其趣。

為作研究參考，余欲購兒童帽子與婦女頭巾，然渠等起初礙難答應。不久土司發話：「客人說要就給人家吧，但我有一個交換條件。」原來村中某人於十四、五日前到十八寨集鎮時，與路人爭吵鬥毆，獲罪入獄，之後村寨向官衙請求釋放而未被允納，因而全村非常擔心。「是否大人肯出力為其說項，並辦理赦免手續？」余允諾「此事容易」，書寫並交給擬返回十八寨之士兵一封書信，內陳說項理由。因為按中國慣例，若遇此類案件，有當事人之外洋人為之說情，則經常會被赦免。原來中國人往往一方面對洋人顯示無理態度，另一方面官吏又忌憚洋人威權，於洋人交涉勸告後經常無理由服從。譬如，罪犯被投入牢獄後，洋人若保證斯人乃誠實之徒，則輕易被赦免，當下外國傳教士正頻頻祭出此法寶。余之所以答應土司，乃因知悉與此有關之全部情況。

---

4 兒童髮型，原文為「唐子」髮型，指古代中國孩童髮型之一種：僅留頭上和左右的毛髮，其餘皆剃去。日本江戶時代女童的主要髮型也如此。僅留前髮時，謂「前髮唐子」。

因有以上交換條件，故余於觀賞當地工藝品等後又進行體格、風俗、習慣、語言等各類調查，結束工作後又讓村寨準備午飯，而提供之飯食與漢人飯菜無大差異。渠等富有者以大米為主食，貧困者則以苞米、小米等為主食。各家各戶皆從事畜牧業，飼養許多水牛、黃牛與豬。《馬可・波羅遊記》記述「Anin 地區盛產家畜」即指此事。通過此事可以看出畜牧業自古至今在此未見衰頹而延續不斷。渠等還生產蔬菜、穀物，並在村外原野上種植大量松樹，樹幹可用於建材，枝葉可做薪炭。此村彝人生活狀態如斯，總體可謂富裕。

第五十一章

「阿者彝人」村落

午飯後出發，道路轉向西面。土司擔心山中多歧路，余等可能迷路，故送至中途。攀登一百多公尺山路到山頂後再向西前進。道路凹凸不平，但行走時並不覺困難。途中除遇見賣陶器之漢人與牽拉小牛之人外，一路不見人影，寂寞難當。在單調山路上行走三十里後，始達有田疇之地方，見有兩三個彝人在栽培小米與梨樹。此處地質為赭土，除略有田地外，大凡乃長滿萱草、蘆荻之荒野。過去日本奧州安達原[1]一帶或亦為如此景象。於寂寥野地上行走五里後，好不容易到達一個村落。

此村落住有「阿者彝人」，與昨日於十八寨調查之石頭村彝人屬相同群落，渠等自

1 安達原，指日本古代奧州岩代國，即現在的安達太良山東麓的原野，也指阿武隈川東岸二本松市東部。因該地有鬼女、鬼婆居住的黑塚傳說而聞名遐邇。

稱Mikami，僅十來戶人家，村中男女看來是出外趕集，村中僅有兩名老人、兩名男子及數名少女留守。渠等風俗與漢人幾乎無異，然需關注者乃房屋結構。

房屋總體為二層，柱高室廣。其大者即二層建築，用於居住；小者即平房，用作廚房，且一半地方用於養豬。主屋高度約五公尺，進深約四點五公尺，面闊約七點三公尺，隔成三間。平房面闊二點七公尺，進深四點五公尺。總體結構包括屋頂僅用一根柱子，不連接其他木柱。外牆用乾燥泥磚壘砌而成，稍有坡度，下部略寬。屋頂無坡度，夯實泥土後使成平面，雨簷處刷白灰，屋簷與柱子一樣使用原木。入口設於房屋正面，雙開門，寬零點九公尺左右。入口右方上部開一圓窗。登主屋二樓時用梯子，登屋頂前先在平房上方架梯，之後從平房上屋頂。屋頂常用於晾曬東西，亦可供小孩玩耍。若發生事情或土匪來襲，可登上屋頂以弓箭禦敵。因過去不曾見過如此房屋，故詢問是否此地還有類似房子，答曰：除藏人房屋外，無法看到此類房子。從此現象考慮可以得知，彝人也好，藏人也罷，於人類學上皆屬相似之民族，將其列入藏緬民族勢所必然，從而亦可證明，房屋結構相似者間應具有某種關係。

離開此村落後，道路轉為下山陡坡道，地面多露出石灰岩。逐漸往下走後，眼前展開一片寬廣平坦大地。此地名「巴西」，其左方有一條大河從北方流來，宛如拖曳一條銀色衣帶。此河名「大江河」，其下游注入珠江，從山上目測約有一百公尺寬。河向東流，而余等眼下則沿山路向西北方向前進。

於坡道上遇見「阿者彝人」三三兩兩、成群結隊返回石頭寨，故余順便為其拍照並調查其服飾。渠等正在從巴西集市返回石頭寨歸途之中，皆身著盛裝，妝飾美麗。男子無特殊之處，而女子則保留傳統風貌：辮髮後將其盤在大腦四周，頭上裹一塊帶刺繡之一尺長黑布，以繩子固定。衣服與在昆明附近鄉村所見婦人服裝相同，然其中亦有人略飾以刺繡。「阿者彝人」傳統風俗特殊之處在於，女子頸部披裹施以銀飾之紅布，一如西洋人之衣領、袖口亦飾以紅色刺繡。

走完坡道來到平坦地面。又走五里地後，看見左方有一個村落。此處亦為彝人村落，約十五、六戶人家，房屋形狀與在彌勒所見者相同。山下平地開墾為水田或旱田，多種植甘蔗。再向前走，竟來到漢人房屋四處散布之村落。此村接近大江河畔。又走五里許後，逐漸靠近大江河畔。取出測高儀測量高度，發現此地比今日所攀登之海拔一千六百公尺最高地點低六百公尺。相較昆明附近地面同樣亦低六百公尺。由此可知該地海拔極低。大江河有兩條水源，一條來自路南，一條來自通海，東流後與珠江匯合。此一帶水深，多漁舟。從十八寨到此地間皆有彝人居住，至此河畔附近始見漢人村落，故可推知此一帶過去係「蠻夷」大本營，亦即「阿者彝人」分布地。

第五十二章

婆兮集鎮

此漢人村落入口有橋。或因水勢湍急，橋墩不堪敷用，故建成吊橋，用鐵索固定。其結構於漢人建造之橋樑中亦屬規模宏偉，橋欄杆亦成一大景觀。橋入口設門，橋面整體為屋頂覆蓋，雨中通行無須打傘或戴斗笠。門兩側站立石雕一對，對岸入口處則安置石獅一對。橋側面有一廟宇，祭祀禹王。過此橋，上坡行走二、三十公尺後來到婆兮集鎮。此地約兩千戶人家，房屋鱗次櫛比，店鋪整潔美觀，街道人來人往，作為鄉下集鎮可稱繁華之地。余擬今夜在此投宿。

此集鎮亦設官衙，有所謂負責「警察」事務之官吏在此辦公。入夜後該官員造訪客棧，贈余禮物，應對甚殷。據官員說，此集鎮一月間約有兩三次土匪「到訪」。該土匪多為鄉村無賴，或放槍，或扔石塊，時常擾民劫財。因此為防範萬一，今夜擬派兵留宿客棧。又據該官員說，過去到訪此地之洋人，僅為去年從越南過來之六名法國傳教士。是日行程六十五里。

寧州「阿者彝人」

十二月五日清早離開婆兮，沿懸崖山路向東南行走約二十里到楊柳井。此亦貧寒山村，僅六戶人家。此時田間蠶豆已成熟，十二月上旬此地仍有作物生長，可見氣候如何溫暖。從此開始山愈高，路愈陡，一行人氣息奄奄，口渴難耐。幸虧途中有人施水，余一掬暢飲，如喝甘露，有似重生。於如此荒郊野外，有如此熱心公益之人士，實乃出人意料之事。再走不久到山頂，海拔一千零五十公尺，蓋經過昆明以來之最高山峰。此間經過兩三個村落，村民皆漢人，未見彝人及其他「蠻夷」。

從山頂往下走七百公尺後，沿一溪流走到寧州，時值下午四時。決定今夜在此投宿。寧州靠山面水，乃形勝之地，約一千戶人家，街道商戶鱗次櫛比，經濟繁榮。尤其今日逢墟，近郊鄰鄉之村民皆聚集於此，人來人往，頗為擁擠。街道入口有四角形七重塔。中國自古多八角形或六角形塔，故四角形塔最為珍貴。如昆明一章所述，若將此四角形塔與日本佛塔比較，將可得出極為有趣之結論。參觀市區後返回客棧。是日行程六十五里。

集市人群中多混雜「阿者彝人」。與各地相同，彝人男子裝扮與漢人無大差異，而女子則各具特色。首先映入眼簾者乃女子頭戴四角形「頭冠」。該頭冠有如折疊之帶繡品包袱布，呈鴨嘴帽形狀，刺繡則有綠配朱、綠配藍等顏色。頸部披護肩，猶如西洋人。該護肩稱「紅金巾」，施以銀飾。衣服大抵與漢人婦女裝相似，然袖口內側有刺繡，捲起後朝外。細筒褲亦上捲至膝部以下，露出小腿。腳穿鞋。少女將辮髮垂於腦頭，有夫家者將辮髮隨意盤在頭部四周。要而言之，此附近乃「阿者彝」分布之中心地帶。過去白彝、黑彝、阿者彝等名稱各異，然此僅是單純從分布區域加以區別而已，其實渠等於體格、語言等方面並無任何差異，故從廣義上說，只有彝人一個分布區域。

第五十三章

益發接近通海——途中所見之彝人

十二月六日早上，赴當地知州官衙拜訪後繼續向前方進發。渡過通濟橋後進入山路。途中於某山村入口又見石獅一對。似乎此地於村子入口安置一對石獅成為通例。斯村落房屋亦為純粹之彝人住宅。

攀登山路行走五百公尺左右，到一處平坦之高地。再向前走數里後，見前方低地乃一片廣袤平原，其中有一個巨大湖泊，煙波浩淼。該湖即著名之通海，於中國西南地區乃僅次於昆明滇池之大湖。下坡行走五里，見一廟宇，結構華美，與附近景物相得益彰，令人百看不厭。沿小溪行走經過兩三個村落後，來到彼沖積平原。平原地層由沙土淤積而成，猜想遠古時代此附近一帶皆為湖底，然不知何時開始，逐漸淤埋後始形成此平原，如今皆開墾為田地，栽種蠶豆、菜花等，眼下已進入花繁時節。道路兩旁花如海洋隨風起舞，蝴蝶成群嬉戲追逐。如此臘月春色，乃日本所不能想像。

下午三時三十分到達通海市區。通海位於連接昆明與越南之交通線中心，係雲南府[1]所轄大都市，約有兩千戶人家，商業發達，街道整潔，物產以煙草最為著名。今日恰逢墟日，遠近鄉民聚集於此，彝人亦混雜其間。參觀市區時發現，店鋪以雜貨店居多，銷售之物品中既有西洋進口之商品，亦有日本之牙籤、石版畫等。

來此集市之彝人自稱「阿普」。我國學者主張其與白彝、黑彝或阿者彝全然不同，然觀察此地風俗，余又有將阿者與散密兩彝混為一談之想法。此地彝人男子照例亦與漢人無大差異，然女子則與「阿者」女子相同，頸披紅色護肩，背披白布或羊皮。其數詞發音如下：

一 Qi
二 Wuuni
三 Si
四 Xi
五 Wun
六 Teiwu
七 Hi
八 Xin
九 Kie
十 Tsuwu

1 即昆明。

其發音與其他彝人並無差別，故如渠等所言，此地「阿普彝」並非異類，將其視為與普通彝人相同之群落似無不當。余就此彝人體格進行調查並拍照。渠等說自己乃居於距通海東南二十里之黃足菁寨。

此兩三日於各地遇見名稱不一之彝人，相當於《馬可・波羅遊記》記述之 Anin 地區蠻夷，其風俗相互酷似，尤需關注者乃渠等語言中數詞讀音相互一致，而其發音又與漢語略微相似。從人類學方面說，彝族屬藏緬民族，其語言屬孤立語系。因該語言一音一義，絕無二音或三音一義之現象，加之語法亦屬孤立語系，故從人類學與語言學方面觀察，可謂彝人與漢人於廣義上屬同一語系，乃使用孤立語之民族。

第五十四章

自通海向路居村

十二月七日。昨日到通海時，有一名叫張鎮之男子到市區路口迎接余一行。斯男子乃余溯沅水時一同乘船之楊氏家僕，同行一段時間後返回故鄉——距通海六十里地之路居村省親。此次聽說余來此處，特意前來迎接。其深情厚誼的確感人。與此同時，余還為自己能於如此偏遠省份無意間遇見故人喜不自勝，無以言表。原來張鎮之故鄉路居村，即彝人與漢人混血兒構成之村落，亦為余久欲探索之合適場所，故張鎮作為東道主自然最為方便。因此今晨即與張鎮一道離開通海，開赴路居村。

取道北上，左面可望通海湖，右面可見許多村落。余一行沿沖積平原田地行走二十里左右來到湖畔。此時湖面水波不興，遠方漂移之船影疑似水鳥凫水，湖濱漣漪織錦，微風吹過，幽聲乍起，如同天籟，大可慰藉旅情。

湖畔潮音寺附近有一座二層建築，祭祀龍神，匾題「枕水閣」。余一行耽擱不久即離岸進山，來到甸苴。此處為鄉村小集鎮。是日恰逢關帝廟祭日，鄉遊儀式盛大隆重。此地原為彝人大本營，過去屬寧州管轄，至明代時明人「征討」彝人使其臣服，清雍正年間刻碑亦立於此。從此取向東北前進，離開甸苴集鎮時僅遇見一名彝人婦女，之後再未見其他行人。於平坦廣闊紅土原野上行走十五里後，來到一分叉路口，右邊是通往路居村之道路，左邊是通往雲南省之要道。乃走右道，沿丘陵行走一段時間後，見左面有一列山峰自南向北蜿蜒伸展，不知其盡頭所終；右面是平坦原野，四處長滿飽經風霜之蕭疏樹木，葉片紅黃交錯，如錦似繡，詩意無限。不久達路居村，是日行程六十里。

「塞檀姆」黑彝

十二月八日。昨日途中所見自南向北延伸之山峰背後有個彝人村落，名「塞檀姆」。今日余與張鎮、翻譯一道騎馬訪問該村落。因黎明，時間尚早，太陽未出，雖說是在臘月如春之南方地區，然日出前之寒意卻毫不含糊，可謂寒風刺骨，血液凝固。走四里左右來到某山麓，之後進入山路。山路坡陡，然余坐騎乃慣於行走坡道之雲南馬，故比想像要輕鬆地登上山頂。余曾對記載南蠻武人馬術之古書有過懷疑，認為不免有所誇大，然今日親自乘馬，登臨此地險峻山峰，不由得於內心說道：「果不其然」，為之心悅誠服。

立馬於山峰絕頂，弛緩轠繩使馬休息時，余一面聽任天風吹鬢，一面徐徐放眼四望，只見路居村、青苔山悉在揮指之間；撫山湖水色湛藍，其小如盂。從此開始下山，方才西流注入撫山湖之溪水，此時東轉流向寧州方向。蓋此山係此地域之分水嶺。此後不斷下山，最終到達塞檀姆村落。

到塞檀姆黑彝村落前，余對村民有各種想像：渠等身居大山，幾乎未與文明接觸，恐能較好保存傳統風貌；進而風俗似應此般；渠等房屋應比過去所見彝人村落更具彝人風格；此外，彼亦如此，此亦如此，等等，不一而足。不料到現場一看，之前之想像立刻冰消瓦解，漢文化之風已然吹進深山幽谷，渠等生活狀況亦發生極大變化，多帶漢人色彩。至此，余寄予此黑彝村之研究希望全部灰飛煙滅，不遠數十里來此，僅增添疲勞而已。

村內有一廟宇，正面祀關羽像，右壁掛觀世音畫軸，左壁書寫「撫育群英」字樣，匾額題寫「精忠貫日」四個大字，落款是「咸豐元年吉旦秋七月」。根據大樑所刻文字，可以確定此廟乃道光年間所建。道光在咸豐之前，距今已有百年。如此看來，此村彝人於很久以前已進化至接近當今之狀態。而且廟宇平日作學校使用，先生亦從遙遠之「江川」聘請而來。渠等作為「蠻夷」，文化發達如此，以此可見一斑。余為此出人意料之事頗感驚歎。男子裝扮照例已全然漢化，然女子卻時常保留彝人風貌：頭裹黑布，頸披紅色護肩，裙外紮有圍兜。

總之，渠等輸入漢文化之途徑並非來自通海，可能來自寧州，因為從地理上考慮有其根據。余毫無所得，但事已至此，只能失望地再次上下穿行於崎嶇山道，當返回路居村時已是一更時分。

返村後，張鎮為安慰余，特意組織了一場彝人舞蹈演示會。舞蹈時兩人一組，各人分別兩手握著木製煙袋，每當手舞足蹈時即發出咯吃咯吃聲響，宛如我國竹板舞蹈。旁邊有人以月琴伴奏，音調有趣。

第五十五章

雲南鐵路計劃

十二月九日告別路居村，途經數個村落後來到撫山湖畔，眼見有一列長條形白色沙洲穿湖而過，其間楊柳茂盛，與我國「天橋立」[1]沙洲兩相彷彿。然樹非松樹，似覺有所不足，不過沙洲旁有白帆三三兩兩駛過，其風情又難以割捨。

又走不久到海門樓，即沿湖之一個小集鎮。此處有廟，旁邊立石碑，碑上長滿青苔，題刻「明天順五年建」。碑文記述：此處有海門橋，原為木造，今改為石橋。由此可知明代已有許多漢人進入此一帶，並建有各種設施。此時剛好遇見一位法國商人，與翻譯等一道趕著數十匹載貨馬匹擦肩而過。據說斯法商由昆明返回越南。一行人中有南

1　「天橋立」，指日本京都府宮津市宮津灣沙洲，日本三大美景之一。松林綿延於約三公里長的白色沙洲上，似乎從成相山、傘松方向伸出一個縱形的「一」字，從大內峠方向伸出一個橫形的「一」字。景色優美，聞名於世。

歐人，圓臉，膚色赤黑，中等身材，不胖不瘦，頭戴雲南斗笠，身穿半中半洋衣服，腳穿長靴。再行走十四里到江川縣城。縣城入口有一村落，房屋與彝人人家相似。

江川縣城所在地過去為「蠻夷」大本營，然如今成為一座氣派之城市。宏偉城牆以磚築就，有城樓，商業亦相當發達。余投宿於某旅社，但為同時住進、受雇於法國人之民工喧鬧聲頭痛不已。斯民工中有一人懷疑雇主不守信用，擔憂地對余等說：「我們是為建設越南至雲南之鐵路受雇於法國人的，但從鐵路至今尚未動工這一情況判斷，或許是為防備眼下在廣西揭竿而起的土匪而被誘拐到這裡的。」蓋中國於此類場合往往募集農民，臨時整編為軍隊，故渠等猜測並非全無道理。另一方面，市內居民習慣在庭院種植仙人掌，且將其掛在房屋入口，或為一種驅災之卜術。是日行程三十里。

花開何時？

十二月十日上午七時離開江川縣，沿著黃花波浪隨風搖動之油菜花田行走五里，之後又拐進山道。從綠樹間右手邊可見一座三層樓房時，余等到達茨相堡塘，村子約有四、五十戶人家。過此村，道路更加崎嶇，翻越久負盛名之關索嶺後到花落村。關索嶺乃此附近一帶之高山，其山脈南起沅水流域，北至四川金沙江畔，蜿蜒伸展，連綿不絕。山中有數個村落，但皆貧寒不堪，不值一看。其居民皆身材矮小，圓臉，皮膚多帶褐色，風俗習慣與彝人相似，然亦有一種奇異特點。花落村名稱顧名思義，可讓人聯想寂寞春歸後之情景。有人於某旅店牆壁信手塡鴉：

花是何時開？花是何時落？但聞花落村，不見花中落。

即此村之真實寫照。據說花落村原名花勒村，因某風雅之士改為今名，使之富於詩趣。今夜在此投宿。

陶器殘片・洞穴士兵

十二月十一日清晨出發，繼續前進。沿關索嶺山麓於羊腸小道上或左或右穿行十里，隔溪見 Fujiantsun 村落。彼村約六、七十戶人家，在山區屬大村落。余決定蹚過溪流，到村內進行各種調查。此地為洪積層地質，崩塌之懸崖斷壁，星星點點露出陶器殘片。殘片皆素陶，酷似四川、雲南兩省交界金沙江畔彝人之陶器，故可推知此一帶過去為彝人大本營。觀察眼下之村民，斯面孔亦無法掩飾其為彝人後裔。結束各種調查後又踏上前進之道路，不久走出溪澗，行進在紅土荒原上。此荒原闃無人煙，旅行者往往遭山賊劫掠，故政府特地派遣一兩名軍士在各地設卡駐防。其關卡並非軍營，而是穴居之山洞。

如「島田髻」之髮髻

通過斯荒原後到某村落。村民裝扮習俗中女子仍各具特色。已婚婦女將辮髮在頭上盤成「の」字形，又於其上裹頭布；未婚女子盤髮後形如日本「島田髻」，並將剩餘頭髮辮髮，垂於腦後。腳正常大小，為天足，然為於外觀上顯示嬌小，故意穿小鞋。出外幹農活時一般身背竹簍。

滇池

向東行走五十里來到一處湖畔。此即余到雲南南部探險首日經過之滇池。當時於右岸觀湖，而今卻在左岸。湖畔有碑，刻「同治十二年重修」字樣，碑文大意為：過去此處有碑，然咸豐六年因太平軍起事，遭兵燹後長久荒廢，至同治年間始動工重修，使碑復原。日落時分一行人到呈貢縣城。此處乃南遊雲南時首夜之投宿地，經過十數日旅行，又回到早先留下足跡之地方。拜訪知縣通報情況後回旅館就寢，是夜月白風清，滇池水聲在耳，寒意侵衾。十二月十二日下午二時平安返回昆明。

第五十六章

為調查彝人赴四川省

自十一月二十六日離開昆明，踏上去珠江上游地區探險之道路至今已十有七日。因雲南南部「蠻夷」調查工作暫告一段落，故余決定於此逗留一段時間，一面整理有關材料，一面調查分布在此附近之「散密彝」。

距昆明十里之處有一個叫小偏橋之彝人村落，約百戶人家，全村皆從事農業。其風俗無特殊之處，故無須特別記述。之後為去四川做準備，余雇傭一名土著，向渠學習彝人語言，四天後略通日常用語。四川乃彝人大本營，尤其於接近西藏之地方，還住有保留較多傳統習俗、不甚漢化之彝人，故余對探險四川最為期待，充滿興趣。為此須預作準備，學習彝人語言。去四川有兩條路徑，一是經寧遠路前往成都；一是經曲清、東川、照通去敘州後，溯岷江進入成都。馬可・波羅選擇後一條路徑，對旅行者來說最為安全。而前者與之相反，極其危險。然而為調查「蠻夷」，毋寧以選擇危險路徑為佳。因此余決定選擇寧遠路，於十二月十九日離開昆明，向四川進發。

自雲南省去四川省．風流之罪

十二月十九日，雲南府總督衙門洋務局聽聞余欲出發去四川，特意派兩名士兵擔任途中保衛工作。上午九時余一行騎馬出昆明城北門。沿丘陵行走不久，忽然眼界為之大開，面前是一望無際之廣袤大平原，余至今仍為其大陸性奇觀感到驚訝不已。此時北風獵獵，略有寒意，馬一面嘶鳴，一面加快腳步。在橫貫原野過程中，余遇見從對面背負木炭走來之彝人。詢問來自何方，答曰乃富民縣城附近人士，並自稱我等乃「沙彝」。渠等身穿麻布漢裝，肩披羊皮，顯示渠等已然漢化。余一面竊喜今日有所斬獲，一面策馬向前，然不知從何時起道路已轉為上坡。余攜帶之測高儀顯示此地海拔比昆明高一百五十公尺。再行走十里，經土家橋沿溪流前進，道路又轉為下坡，接著又是上坡。之後來到一處海拔比昆明高出二百五十公尺之高地。途中一路觀賞道路兩側田間競相開放之紫雲英、油菜、蠶豆等花朵，其美麗景致使人忘卻身在寒冬。忽然間，吹過馬頭之冷風送來一陣清香，往前一看，原來路邊有兩株梅樹，花朵三點五點開放枝頭，此時已綻蕾吐香。風流之罪神可宥，趁村民未看見，余將手搆著之枝條折一枝揣進衣服內。下午四時到達「二村」，今夜投宿於此。

到此之前，途中遇見許多彝人。該彝人分為兩個群落，一為前述之「沙彝」，一為祿勒附近之彝人，然如今皆漢化，已失去傳統風貌。渠等常以運送木炭、麻、蔬菜、雞等到昆明銷售為業。運送時於頸部放上一塊類似枷鎖之木板，將商品綁在木板上行走。

第五十七章

「納斯普」單詞

十二月二十日離開二村，經梨瀼關到沙鍋村並投宿。梨瀼關乃位於昆明與寧遠間之關口。沙鍋村為鄉村集鎮。於此處見到從武定縣下轄 Satsu 附近來之彝人。此即所謂之「黑玀猓」，漢人稱之為黑彝。而渠等則自稱「納斯普」。渠等之間使用之數詞如下：

一 yimm
二 nimm
三 Samm
四 Simm
五 úm
六 chómm
七 sím
八 hím
九 kúm
十 chém

於四川省附近

十二月二十一日離開沙鍋村向北進發，一路眺望經霜似火之櫨樹紅葉，最後到西一村。昨日一路飽覽菜畦、麥隴及路邊之梅花，當時黃白兩花競相開放，青綠嫩葉蒼翠欲滴，不是春天，勝似春天，而此處卻是一派霜天紅葉、似火燃燒之秋天景象。以此可推算出此地地勢高度如何。此處地形如箕斗，三面環山，一面豁開，豁開處有一條小河流淌，河岸平地相連，悉被開墾，居民皆務農。

再向前行走五里到富民縣。縣城入口河上有橋，橋頭懸掛匾額，題「水道混濁」四字。縣城城牆皆以磚石壘砌，全縣戶數約三、四百。此時有六名武裝士兵來到面前保護余一行。據渠等說，前方山幽谷深，人跡罕至，盜賊經常出沒，數月之前即有旅客被殺。道路如此危險，故知縣特地派出武裝士兵以防萬一。余深謝其厚誼。

經過數個貧寒山村，於下午三時到者北街。途中有人家之處必有竹林。者北街約五、六十戶人家，有怪異旅館四、五間。屋簷下招牌多記述四川省名，看來已接近四川。一打聽，果不其然，據說到流經四川境內之金沙江只須兩天路程。此時日頭尚高掛天上，故還能繼續前進，然因旅舍原因，決定在此夜宿。

履霜越重嶺

十二月二十一日。昨夜寒氣逼人，一宿無法安睡，直至天明。起床尚早，而在床又無法入睡，故推窗看霜，疑似落雪，屋頂、道路白茫茫一片，刺骨寒意即來自此霜。但無論如何，還得整理行裝，之後踏霜前往武定縣。

一如昨日士兵所說，此時道路益發艱險，余已身處千山萬壑之中，不知幾度在險坡上上下下，又不知幾度穿越急流險灘，一路眺望幽谷中處處點綴之貧寒山村，來到雞解。從此處開始，護衛士兵返回富民縣，轉為由某村壯丁一個村子一個村子接替護送。據說此為當地慣例。蓋此一帶地處偏僻，距離縣城遠達數十里，故警察事務大抵由壯丁完成。若有官吏或公幹人士通過此處，則由壯丁取代警察，將其護送至下個村子，下個村子之壯丁接著護送，直至下個村子，如此傳遞，直至結束。此已成為一項對公義務。渠等到野外耕作時，每當見旅行者過來，必放下手中農具，改為攜帶鳥槍、火銃擔任保護任務。然據說其中亦有人不履行義務，與旅行者發生糾紛，而為解決此類糾紛又往往極為困難。

余等在武裝壯丁護衛下又前進十里，到小店，此地約有四十戶人家。再往前走，山谷益發高大幽深，耳邊只聽到山風吹鳴與河谷流水聲響，寂寥難當，數里之間全無人影。深山如此寂靜，頗有驚竦感覺，據說時常有劫匪出來打劫。

第五十八章

冷飯橋之彝人

通過寂靜無人之深山，來到一條溪流畔，始見有彝族人家散布其間。不久到冷飯橋。此一帶彝人與昆明附近彝人相同，皆漢人、彝人混血兒。余一邊在茶攤稍事休息，一邊注意觀察渠等體格、語言、風俗等。渠等乍一看像漢人，然其作為漢化彝人已不證自明。

在到冷飯橋尚有約四里地之處，有一木牌樓，牌樓旁有井桁。問店主彼為何物，答曰：五年前有兩名旅行者為山賊所殺，埋於井桁之下。再問：聽說此一帶山路經常有山賊出沒，果有其事？答曰：確為事實。過去元謀縣知縣亦於此一帶被殺，而其手下卻未被逮捕一人。由此可知此地乃如何危險，警察制度又乃如何幼稚。問答間見數名彝人：辮髮，服裝與漢人相同，然渠等肩披羊皮，背負貨物，卻又感到仍不失渠等傳統特色。

由此可見，渠等有與彌勒附近彝人相同之風俗。

上午十時離開冷飯橋，攀登碗水嶺。路邊有烽火臺，此為一旦有事即在此處燃起狼煙，可迅速通知各地之裝置。途中遇見兩三名旅行者，皆手持鳥槍火銃。亦遇見住在洞穴之值班士兵。

遇見「里斯人」

下坡後到小山鋪，前方可見武定縣城。途中遇見一女子。因是「蠻夷」婦女，故打招呼使其停下後詢問出生何地。渠認真打量余一眼，心裡似有恐懼，屢欲逃走，然最終還是回答：出生於Tarusitan，屬里斯（Lisi）人。此為「蠻夷」無疑，然里斯人余此前從未見過。不過從人種學方面說，里斯人屬西藏民族，其風俗如下：將黑布摺成帽狀罩頭上，戴銀耳環作為裝飾，衣服與漢人婦女裝相同，但袖口與衣裾等飾以刺繡。渠身材矮小，圓臉，皮膚帶褐色。

至武定縣與所見之各種「蠻夷」

就里斯人做各種調查後不久到武定縣。恰好遇上墟日，人頭攢動，其中混雜兩名「蠻夷」，一人屬米查人，一人屬里斯人。總之，武定附近分布此兩種民族。米查人體格與風俗略同於里斯人，然渠等自稱既非彝人，又非里斯人。而且稱彝人為 Atsuka，稱漢人為 Hapo。余在此所見之米查人，出生於武定縣以南十五里之 Sipanki。然從其體格與語言等考察，渠等亦屬彝人群落無疑。

與苗人相遇

除遇見前述彝人外，還遇見苗人，可謂久違。從廣義上說，余進入雲南後，乃於彝人各群落分布地旅行，僅在雲南南部珠江上游地區略見過苗人，然於其他地方從未遇見。而此次到武定縣得以再次見到苗人全然事出意外，大有收穫。此處所見之苗人屬「花苗」，居於 Kanpo。據告在 Yinachan 亦有「花苗」。

此苗人自稱 Mon，與貴州、雲南苗族之自稱相符。余問渠等如何稱呼彝人，回答是 Man。又問苗人與彝人乃相同民族乎？答曰完全不同，彝人與苗人無任何關係。余將在此所見之「花苗」與過去所見之貴州、雲南苗族做比較後發現，此處「花苗」文明程度極低，保留頗為樸素之古代風貌：有人隨意散髮，使其長垂於背後，亦有人與漢人相同，僅將頭部四周頭髮剃去，其餘任其散落。衣服以麻布製作，如同日本「陣羽織」[1]。下身穿麻布短窄筒褲。有人穿鞋，亦有人跣足。皮膚不似彝人帶褐色，而帶黃色。

武定縣城及其附近之「蠻夷」

從昨夜投宿之者北街來到武定縣之途中，經過一條山路。山路在雲南省與四川省之分水嶺一帶，其最高點海拔一千九百五十公尺，其以東河水皆流向雲南，以西河水皆流經四川，注入長江上游之金沙江。武定城所在地比該最高點海拔低三百八十公尺，即海拔一千五百七十公尺，雖坐落於一個小高地上，然僅比鋪展於縣城前面之沖積平原略高一點，乍一看與前面之平地幾無高低差別。縣城後面靠山，前面是沖積平原，平原寬度約五里左右。貫流於平原中央之河水由西向北流去，下游注入金沙江。

此分水嶺乃自南向北延伸之山脈，與南部中國山脈大凡由西向東之走向剛好相反。而面對西方之西藏之山脈多與此分水嶺走向相同，亦自南而北。地理學上稱之為橫斷山脈，此分水嶺即此山脈一部分。因此從雲南到四川時，與普通翻山越嶺不同，而是沿著

1 「陣羽織」，作戰時穿在鎧甲外面的外衣，以絲絹、羅紗、天鵝絨等製作，無袖（也有加上兩袖的）。有的飾以刺繡等，也有的在羅紗布上嵌入其他顏色的羅紗，等等，形式多樣。據說是模仿室町時代來到日本的西班牙、葡萄牙人所穿的服裝而製。

山嶺不斷向北行走。其間當然路面略有升降，但從地勢上看，不過是長線條間一小凹凸。凹點稍大處多有溪水流淌，左右是沖積層，有村落、集鎮等，自成山中一個小天地。武定縣城即其中一例。

今日所經過之山地地貌仍是丹霞地貌，途中所見樹木幾乎皆針葉樹，而以松樹最多，令人感覺宛如行走在紅土地松海之中。此間遇到之少數民族有「蠻夷」（里斯、米查）、「花苗」等。「花苗」分布地域之廣實可驚人，甚至有「花苗」居於長江上游之金沙江畔，然於雲南北部，此一帶恐為其最終分布地點。途中所見房屋與人物大凡帶有彝人性質。

武定縣城約三百戶人家。今夜知州送來大雞一隻，武官送來大雞兩隻、梨數個以及牛肉等。是日行程七十五里。

到旅店後，叫來兩名米查人做各種調查。過去於眾多彝人中所見之髮型，與在安順所見之「花苗」女子相同，頭部四周剃髮，其餘部分辮髮（不用篦梳，而以插入竹片固定）。余讓二人直立，拍攝照片。渠等皆穿麻布衣服，一人髮型與臺灣澤利先「生番」相同，另一人盤髮方式與「花苗」女子相同，但頭部四周剃髮，與漢人相同。麻布服裝無圖案，亦無任何裝飾。上衣稍長，於軀幹部開襟；下身穿麻布細筒褲，一人穿草鞋，另一人跣足。渠等居於距此以西十五里之 Kanho 村，彼處有十一戶人家。據渠等說，於此附近亦有「花苗」，居於距武定城三十里之Yinachan，彼處僅有兩個村落，除「花苗」外並無其他苗人。渠等自稱Mon，而稱彝人為Man。此外，今日途中所見里斯人老嫗乃走訪親戚。為作參考，茲舉出里斯人所用單詞如下：

一 chim	父 am	山 ^{n}guch
二 nim	母 ab	石 l'mud^{i}
三 sul	男 tsúo	水 a'jé
四 lil	女 ch'mul	木 sjū
五 ^{n}gul	天 mul	火 at
六 chol	地 mil	日 amun^{i}
七 sil	河 āt	月 sint
八 hel		星 káb
九 kul		
十 tsum		

第五十九章

旅途中海拔最高地區之「蠻夷」

十二月二十二日，雞已報曉，月卻未西沉，星亦未消。起床後整理行裝，於清晨六時離開武定縣城。從此處開始有衛兵四人隨行。

出城門後，取道北方於水田間行走。此一帶水多，此時太陽已在東山發出光芒，而山下因時辰尚早，路上仍白霜濛濛，寒氣逼人。走不久來到山麓，行五里後，右手邊可見西村，約有百戶以上人家。此處有小溪，自北而來注入鎮雄河。沿此溪在山谷間穿行，道路左右多村落，田疇景象開闊。行十五里到烏龍洞，海拔一千五百五十公尺，二十戶人家。此處河流分叉，從西面有一支流匯合於此。烏龍洞有茶館兩三間，頗簡陋。沿流入此處之小溪向上游行走二、三百公尺，看見一個里斯人村落。漢人稱之為Hoetochingu，而渠等則自稱 Húsúp，約十五戶人家。余在此調查與拍照。渠等使用之部分單詞如下：

我 ^{n}go	口 mik
你 ni	舌 só
彝族 kópp	齒 ló
身體 ^{n}gtsu	鬍鬚 búb
頭 ud	耳 nup
頭髮 utt	手 lev
臉 chém	足 ch’w
眼 med	苗族 misū
鼻 nuk	自己之名字 lipū
眉毛 met	

因昨日於途中問過老嫗有關數字與日、月、星等單詞之讀音，故今日詢問其他單詞。

結束里斯村落調查後又前進，經過石將軍村，此為僅數戶人家之貧寒山村。隔溪可見右岸 Siakupe 村落，三十戶人家。再向前走五里，於上午十時十五分到湯巴哨。此處僅三、四戶人家，海拔一千六百五十公尺。一行人在此用午餐並小憩後沿溪前進。此時忽見溪畔森林一片，兩岸山岩壁立，其間樹木蓊鬱，白晝如晦，加之水聲嗚咽淒厲於林中迴蕩，令人不由想起在臺灣考察「生番」時之情景。

過森林走十里許到雞鷲小村，約五、六十戶人家，海拔一千八百公尺。村入口有木牌樓，牌樓旁有茶館。進館後小憩，喝茶，見鄰家有人以杵舂米。

從此開始坡更陡，行五里後到山頂，海拔二千零五十公尺。再攀登五十公尺左右見一處高地哨卡，上面立有旗幟，亦有士兵值守。此哨卡乃為保護過往行人而設。此處係余今次旅途中所見最高山峰，亦為此附近一帶之分水嶺。今晨沿溪畔行走，一路伴隨之溪流即發源於此。此一帶土質為紅土，但處處露出砂岩。砂岩乃余久違之景象。從士兵值守哨卡附近走過後，道路轉為下坡，余等前後兩三次沿丘陵松樹林海道路上下穿行，有時海拔高度一千八百公尺，有時一千九百公尺，有一百公尺之差。除僅在遠方幽谷間看見一個小村落外，途中未見一戶人家，山路寂寞幽靜。行走十五里，於午後三時始達花橋，海拔一千八百七十公尺。

花橋有四十餘戶人家，係山區小村落，無一間掛招牌之旅店。房屋以磚築牆，雖為鄉村人家，然多有漂亮大門。今夜於某人家借宿。是日行程六十里。到花橋之前，僅看到兩三個村落，此處幾乎是無人地帶。

今日途中所見村民皆帶彝人特徵，極多人患甲亢病，其中有人穿麻布半短裝，披羊毛或稻草之披肩。渠等係漢化彝人。此附近一帶為僻靜山區，雖說有漢化彝人，然多數人仍保留原有彝人風俗，似乎有回歸傳統之傾向。從分水嶺下山途中，還遇見穿麻布衣服、披黑羊毛披肩之四名彝族男子。渠等自稱 Kā Lolo，恐為「乾彝族」之意。

里斯人情況一如前述。渠等自稱「里普」（Lipū），而漢人稱其「里斯」。渠等居於距武定城西北十五里之處，即烏龍洞附近一帶。渠等說於此附近只有渠一個村子，而且相信米查人與彝人皆屬其他群落，本族不與他族通婚，僅在自己一個村落內部結親。然其語言與米查人相通，體格、皮膚、毛髮等亦帶彝人特徵，多患甲亢病。有人身材高大，有人矮小。

其房屋狀態與漢人毫無差異，衣服尚帶有些許傳統風格。男子辮髮，以黑布裹頭。有人穿漢裝，但外披麻布或羊皮半短裝。其中亦有人上衣、褲子皆以麻布製作，外被羊皮半短裝。此類裝扮皆屬古代風貌。還有人頭戴饅頭形黑帽或灰帽。亦有人腳穿「散彌彝」草鞋。女子較男子保留更多傳統風貌：辮髮，於頭上裹黑布，與昨日日記中所記某人相同，戴銀耳環，衣服以黑布製作，與此一帶漢人婦女裝相同。少女穿紅綠色服裝。男女皆披黑羊毛披肩，披肩有繩子綁紮，與臺灣「生番」披肩布相同，然披肩帶毛部分內翻，其餘與漢人無異。據渠等說本族不同於彝人、米查民族，我族在此一帶僅居此一村，只與同村人通婚。祖先很早即在此居住，並非從他地遷徙而來。

第六十章

馬案山・靈仁之彝人

十二月二十三日，晴。昨夜除余與翻譯外，一行人皆無棉被，焚火躺於火堆旁。雄雞報曉時，余一行即起床整理行裝，做好出發之準備。此時太陽尚未升起，但感覺並不大冷。

上午七時出發。此處不負花橋名稱，路邊有些許梅樹，如今含苞欲放。梅係白梅，頗有情趣。一行人沿花橋前溪水或依傍丘陵行走，途中可見星星點點房屋。行五里到 Penpo，此處三十戶人家，既有粗點心店，亦有飯館。再向西北行走五里，到 Hetsutsuyi，此處有一廟。再走二百公尺左右始見房屋，約有十五、六戶人家。通過此處有田地，期間余等或上坡或下坡，一直沿溪流前進。此附近一帶海拔約一千八百公尺，道路兩旁可見許多散布之村落。再往前走十五里，到 Lusipe，約四、五十戶人家，海拔一千七百五十公尺。從此處再走五里到馬案山。此處係小村莊，約十五、六戶人家，有飯館等，較熱鬧，乃此通道之休憩場所之一。在此處下馬吃早飯。

到此處時，見有四名白彝在休息，故順便對其進行各種調查。渠等自稱 Lolomu，居於馬案山以西十五里之薩拉村。該村僅三、四戶人家，皆白彝，而附近未居有其他白彝，不過通婚卻須在與其他白彝之間進行。男子頭戴饅頭形帽子，衣服與漢人農夫服裝相同，肩披黑羊毛皮，而另一人則穿羊皮半短裝。渠等運送東西時，皆將頸部套進一塊木板，之後將此木板橫在肩上。女子以黑布裹頭髮，然裹法不一，其中一人之形狀，如日本人捲出之手帕（與臺灣布農番女子相同），另一人如昨日所見之里斯女子。還有兩三名女子身背竹簍，其中一人身穿漢式麻布衣服。女子同村但裝扮習俗各自不同。

今日是中國冬至節氣，各家各戶皆搓米糰慶祝。余要來一些米糰，水煮後蘸糖享用。於馬案山小憩後又向西北前進，道路轉為上坡。途中遇見一群彝人。男子與此前所見彝人無異，而女子卻頗有不同。渠等仍屬白彝，居於距此以西三十里之 Heikuata。之後行走不久，又遇見彝族人群，其中有女子四名。女子裝扮與此前遇見之白彝相同。問渠等村名，答曰距此以西三十里之 Shohoten，係黑彝。因其裝扮過於有趣，故使其直立照像一幀。

從此開始坡道更陡，地質為砂岩，樹木繁茂，櫻樹尤多。途中於山間田地遇見一名

「夷女」，問其民族，答曰黑彝，住在石臘塲。繼續向上攀行途中遇見一名返回武定之「花苗」。

行十五里到石臘塲，約三十戶人家，海拔二千零二十公尺，係此山區之一個小村莊。在此稍事休息後離開此村，見一條小溪流向馬案山。溪上有石橋，過橋後道路又轉為上坡。走十五里到 Kuwanpu。村口有白梅樹，眼下花繁盛開，微風傳來陣陣清香。余在馬上折一梅枝插入衣襟。此處海拔二千三百公尺，僅一戶人家，寂靜幽深，附近多果樹。此人家以石築牆，石塊上刻有兩三幅雕像。

從此開始或上坡或下坡，有時在海拔最高處一千三百三十公尺之山峰上行走。行十里到 Kedinsaku，此處海拔一千三百二十公尺，有士兵值守哨卡。哨卡外面圍以松木柵欄，內部建房屋，旁邊有一處烽火臺。於其他地方亦看到三處烽火臺。從武定縣伴隨而來之衛兵，決定在此返回原駐地，並從值守士兵中叫出兩名接替。

此處亦為分水嶺，溪水皆向西北方向流去。余等沿其中一條溪流下山，行五里後，來到一處搭有單間房屋之地方。此房屋乃供行人休息所設，余進入後，看見已有四名彝人在休息。據說乃居於距此以西十里之 Enyanpo 黑彝。又下坡行走三里後，來到一個村落，約七、八戶人家。再行五里地後到靈仁，海拔一千一百五十公尺。今夜在此投宿。

此村落係山區一個貧寒村子，僅五、六戶人家，無固定旅店，故請求借宿於村民家中。村落豈止孤懸山里，而且被樹林包圍，極其幽靜，僅聽到鳥兒求塒於林與溪澗流水之聲音。

此處有一戶彝人家庭，係黑彝，僅夫婦與兩名孩子。男子外出不可見，女子髮型係臺灣平埔「生番」型，所戴帽子與先前在十八寨 Wuyi 所購女帽相同，亦有銀飾。上衣為麻布製作之漢裝，下身穿漢式黑裙褲，戴耳環。兩個孩子皆女兒，大者十一、二歲，頭戴帽，斯帽與余在十八寨所購少女帽相同，頸戴銀環，穿漢式麻布「連衣裙」，腰部未圍任何東西；小者約五、六歲，裝扮同姊姊。

此房屋如過去在雲南彌勒所見，分為兩個房間，一間為廚房，一間為寢室。寢室內安放兩塊木板，高五寸許。床分左右兩張，恐皆為夫婦所用。廚房有灶，灶極簡單，如同臺灣「生番」灶臺，僅立三塊石頭。

房屋前面有一個單開門，並非漢人樣式。正面設一個窗戶。屋頂平坦，由原木橫鋪而成，上面糊泥巴。此結構與在彌勒所見者相同。

房屋四壁以豎立之原木構成，木頭與房子等高，上面糊有泥巴。

日用器皿立於後壁，有水瓶一隻，陶器一件，木盆兩個，碗數隻，勺兩三隻，鍋兩口（中國樣式），以及若干鐵器。

其中值得關注者乃陶器。據說乃於馬街購得，似為渠等傳統器物。其次是多使用木器作為容器，係渠等自行製作。

廚房壁上有神龕，以木製作，上方吊有藤條。龕上放無底板盒子，其中拋擲兩塊插有藤條之紅布，前面鋪滿松葉，於松葉上放碗。插有藤條之兩塊紅布象徵男女，以此祭祀父母神靈。

渠等自稱「納斯普」，與余在彌勒十八寨所聞彝人相同。余通過此處彝人得以清晰瞭解渠等風俗。

本日途中見到以下彝人：

白彝
A. 馬案山以西十五里 Sala 彝人
B. 馬案山以西三十里左右 Heikuta 彝人

黑彝
A. 西面三十里 Shohoten 彝人
B. 石臘場彝人
C. 靈仁彝人
D. 靈仁以西 Enyanpo 彝人

彝人與「花苗」風俗．白彝之單詞

由此可見此附近一帶有白彝、黑彝居住。尤為引人注目者，乃其皆分布於馬案山以西，即余今日經過之山丘西面。男子風俗皆同：辮髮，大凡穿麻布衣服，肩披羊毛皮或灰色毛氈，頭戴饅頭形帽子，肩負板狀「枷鎖」運送東西。女子習俗根據今日觀察則大有改變：拍照之四名黑彝女子，頭裹黑布，從額前裹到腦後，一如日本之弁慶[1]。布有飾物。以上似乎僅限於有夫之婦，其他女子則戴黑帽，戴耳環，頸部亦有飾物。衣服與漢人女裝相同，然裝飾略有差異。腰圍「花苗」式圍兜，肩披羊毛皮。Heiluta 白彝女子風俗與此相同。

另外，於石臘場附近途中還遇見兩名「花苗」。渠等乃返回武定，亦即於前日拍照現場附近之「花苗」，其中一人年齡約四十五、六歲，以白布裹頭，上身穿麻布有袖半短裝，下身穿麻布窄筒褲。另一人年齡約二十五、六歲，髮型如前日拍照現場之男子，即辮髮，身穿麻布裝。

今日所經地區之地勢是，自花橋至馬案山間係丘狀山峰，之後道路漸轉為上坡，最

---

1 弁慶，日本鎌倉時代初期僧人。人稱武藏坊，曾跟隨源義經征戰，以豪傑英名聞名於日本。

高處達二千三百多公尺，可謂蜿蜒在山頂。從昨日分水嶺流出之溪水，流過花橋一帶後皆向西北流去，但至馬案山一帶，與從馬案山分水嶺流向東南之溪水合流後，似又向北流去。另有一條溪水，從馬案山分水嶺向西北方向流去。地質皆砂岩，今日開始略帶紅色。樹木為針葉樹與闊葉樹兩種，今日多為櫟樹。途中所見山民自稱並非彝人，然依余所見，悉為漢化彝人，其特徵是甲亢病患者極多。再者，昨日還見到有人在石臼裡用杵舂穀物。

余依例將白彝使用之單詞記載如下。此白彝乃今日首次見到，居於 Sala，漢人稱其 Hapo。

天 muk	一 ch'yo
地 med	二 n'yo
日 ^{a}muj^{i}	三 súyo
月 sob	四 syo
星 héa	五 ^{n}gyo
山 ^{n}gut	六 chyo
川 i'jam	七
木 stló	八 hyo
火 at	九 k'yo
石 lump	十 ché'yo
水 āje	
我 ^{n}go	
你 ni	

身體 guch
頭 ad
頭髮 atuo
鬍鬚 búch[a]
眼 med
鼻 nuk
眉 mechi
口 mum
齒 jā
舌 lu
耳 núp
手lóp
足 chip
男 jón
女 jám

是夜無鳥聲，惟松風與溪水聲寂寞可聽。余一邊聽著，一邊進入夢鄉。

（上卷完）

史地傳記類　PC0921　日本人中國邊疆紀行1

人類學上所見之西南中國（上）

作　　者／鳥居龍藏
主　　編／張明杰、袁向東
譯　　者／胡　稹、賴菲菲
責任編輯／楊岱晴、鄭伊庭
圖文排版／周怡辰、黃莉珊
封面設計／蔡瑋筠

發 行 人／宋政坤
法律顧問／毛國樑　律師
出版發行／秀威資訊科技股份有限公司
114台北市內湖區瑞光路76巷65號1樓
電話：+886-2-2796-3638　傳真：+886-2-2796-1377
http://www.showwe.com.tw
劃撥帳號／19563868　戶名：秀威資訊科技股份有限公司
讀者服務信箱：service@showwe.com.tw
展售門市／國家書店（松江門市）
104台北市中山區松江路209號1樓
電話：+886-2-2518-0207　傳真：+886-2-2518-0778
網路訂購／秀威網路書店：https://store.showwe.tw
國家網路書店：https://www.govbooks.com.tw

2025年2月　BOD一版
定價：450元

讀者回函卡

國家圖書館出版品預行編目

人類學上所見之西南中國 / 鳥居龍藏著 ; 胡稹,
賴菲菲譯. -- 一版. -- 臺北市 : 秀威資訊科技
股份有限公司, 2025.02
冊 ; 公分. -- (史地傳記類)
BOD版
ISBN 978-986-326-892-5(上冊 : 平裝). --
ISBN 978-986-326-893-2(下冊 : 平裝). --
ISBN 978-986-326-894-9(全套 : 平裝)

1.文化人類學 2.少數民族 3.中國

541.3 110003336